AF500377

La

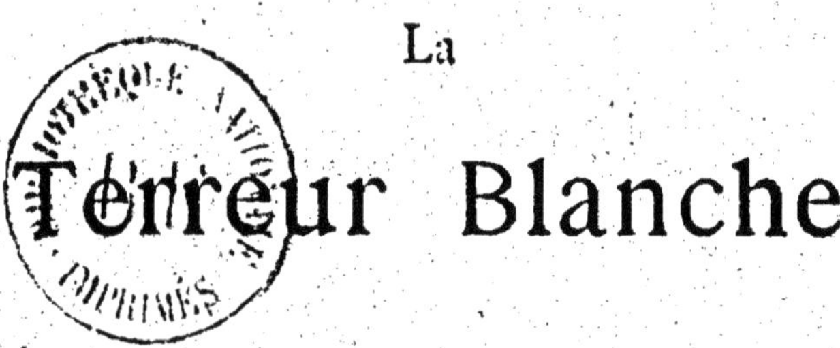

Terreur Blanche

DU MÊME AUTEUR

ŒUVRES HISTORIQUES

A LA LIBRAIRIE HACHETTE ET Cie

Les Conspirations royalistes du Midi sous la Révolution, un vol. in-16, broché. 3 fr. 50

Le Roman d'un Conventionnel : Hérault de Séchelles et les Dames de Bellegarde, un vol. in-16, broché. 3 fr. 50

La Terreur Blanche, un vol. in-16, broché. 3 fr. 50

Histoire de la Restauration, un vol. in-16 (*Épuisé*).

Histoire de l'Émigration pendant la Révolution française, deux vol. in-8°, brochés :

Tome Ier. *De la prise de la Bastille au Dix-huit fructidor*, 2° édition. Un vol. 7 fr. 50

Tome II. *Du Dix-huit fructidor au Dix-huit brumaire*. Un vol. 7 fr. 50

Ouvrage couronné par l'Académie française (*Grand Prix Gobert*).

CHEZ DIVERS ÉDITEURS

Le Cardinal Consalvi, in-18 (*Épuisé*).

Le Ministère de M. de Martignac, in-8°.

Le Procès des Ministres de Charles X, in-8° (*Épuisé*).

La Police et les Chouans, in-18.

Conspirateurs et Comédiennes, in-18.

Poussière du Passé, in-18.

Coblentz, in-8° (*Épuisé*).

Les Émigrés et la Seconde Coalition, in-8° (*Épuisé*).

Les Bourbons et la Russie, in-8° (*Épuisé*).

Louis XVIII et le duc Decazes, in-8°.

La Conjuration de Pichegru, in-8°.

Une vie d'Ambassadrice au siècle dernier, in-8°.

Souvenirs de la Présidence du Maréchal de Mac-Mahon, in-18

Le duc d'Aumale, un vol. in-8°.

Mémoires d'un gentilhomme du temps de Louis XIV, un vol. in-18.

417-06. — Coulommiers. Imp. PAUL BRODARD. — P4-06.

ERNEST DAUDET

LA
Terreur Blanche

ÉPISODES ET SOUVENIRS

(1815)

TROISIÈME ÉDITION

LIBRAIRIE HACHETTE ET Cie
PARIS, 79, BOULEVARD SAINT-GERMAIN

1906

PRÉFACE

DE LA PREMIÈRE ÉDITION

(1878)[1]

De tous les événements de l'histoire contemporaine, il n'en est pas que, soit pour les flétrir, soit pour les absoudre, la passion des partis ait plus complètement défigurés que ceux dont le midi de la France vit se dérouler, après les Cent-Jours, les sanglantes péripéties. Cette qualification même de « terreur blanche » sous laquelle on s'est accoutumé à les désigner, en y comprenant les poursuites exercées par les cours prévôtales, prouve clairement, bien qu'elle soit devenue classique, qu'il y a eu dans les récits des premiers historiens de ces

1. En réimprimant aujourd'hui la préface écrite, voici vingt-huit ans, pour la première édition de ce livre, je dois constater que pas plus que dans les récits que j'y ai réunis, je n'ai rien à en retrancher ni rien à y ajouter. Tout ce que j'y ai dit alors demeure vrai et me dispense d'en écrire une autre.

E. D

20 décembre 1905.

temps, ignorance ou calomnie. La version à laquelle la plupart d'entre eux se sont ralliés ne peut être considérée comme l'expression de la vérité. Elle a eu pour base, dans un grand nombre de cas, des légendes mensongères dont les documents officiels ne contiennent aucune trace et qu'aucune preuve n'est venue corroborer. Après M. de Vaulabelle, traçant de ces souvenirs douloureux une relation qui tient du roman, M. Odilon Barrot lui-même s'est trompé quand il écrivait dans ses « Mémoires » : « Les partis extrêmes n'ont rien à se reprocher en France; ils ont successivement atteint, dans leur cruelle émulation, le dernier terme de la frénésie et de la férocité : 1815 peut servir de contre-partie à 1793, et la terreur blanche n'a pas grandement différé de la terreur rouge ». Mieux connue aujourd'hui, la vérité permet d'opposer à ces appréciations de fantaisie une protestation qu'un historien plus impartial que ses prédécesseurs, M. de Viel-Castel, a formulée en ces termes : « Il est bien évident que telle audience du tribunal révolutionnaire a fait tomber plus de têtes que tous les tribunaux de la Restauration pendant deux années, et que Paris, dans une seule journée de septembre, a vu plus d'égorgements que le Midi tout entier pendant l'été et l'automne de 1815 ». Cette période ne fut, hélas! que trop fertile en actes criminels; il n'était pas nécessaire de la charger et de l'assombrir, même pour exciter la légitime indignation de la postérité contre les bourreaux ou sa pitié au profit des victimes, pas plus qu'il n'était habile d'en dissimuler l'horreur pour alléger le fardeau de responsabilités qu'on ne saurait sans injustice faire peser sur le gouvernement de Louis XVIII, et qui doivent être imputées surtout aux fatales passions dont la chambre introuvable allait être l'expression constitutionnelle et reproduire, sous des formes légales, les inexorables ardeurs. L'heure est venue d'en parler sans passion et d'en présenter un récit véridique. C'est ce que nous avons tenté de faire.

On a désigné sous le nom de « terreur blanche » d'une part les réactions du Midi, d'autre part les poursuites exercées contre la plupart des hommes qui s'étaient ralliés au gouvernement des Cent-Jours. L'exécution du maréchal Ney, des frères Faucher, des généraux Chartran, Mouton-Duvernet, Bonnaire, du colonel de Labédoyère et d'autres malheureux plus obscurs, mais non moins à plaindre; un certain nombre de proscriptions; les condamnations du comte de Lavalette, de l'amiral Linois, des généraux Boyer, Debelle, Gilly, Decaen, Clauzel, Travot, Drouot, Cambronne, Bertrand, Gruyer, Radet, Lefevre-Desnouettes, Drouet d'Erlon, Rigau, Lallemand, Brayer, Ameilh, Morand, etc.; les sentences prononcées contre Didier et ses complices et contre plusieurs individus sur divers points du territoire, tels sont les traits principaux par lesquels se signala, dès son second retour, le gouvernement de la Restauration, à l'heure même où le sang coulait dans les provinces méridionales. Il y eut alors une véritable fureur de vengeance, qui ne prit fin qu'après la dissolution de la chambre introuvable et qui fait tache dans l'histoire du rétablissement de la monarchie. Il est cependant juste de constater que les efforts du duc de Richelieu et de Decazes tendirent à réparer, parmi tant d'injustices douloureuses, parmi tant de répressions inutiles, toutes celles qui étaient réparables. Lorsque après l'assassinat du duc de Berry, Decazes quitta le pouvoir, la plupart des hommes qu'avait atteints la politique de réaction, étaient graciés; plusieurs d'entre eux, rentrés en faveur, siégeaient à la Chambre des pairs. Nous laissons à d'autres le soin de raconter ces événements, c'est-à-dire les réactions légales; nous ne nous occupons dans ce livre que de celles qui se traduisirent à Nîmes, à Uzès, à Toulouse, à Avignon, à Marseille, par des assassinats et des pillages, par les sanglants exploits de bandes armées, et substituèrent l'action individuelle de quelques scélérats à l'action des lois.

En réalité, soixante-trois ans seulement nous séparent de ce temps; moralement, plusieurs siècles. Ses idées et ses aspirations ne ressemblent en rien à celles des hommes de nos jours. Si, rapprochant le passé du présent, quelqu'un de nos lecteurs était tenté d'assigner aux réactions du Midi des causes analogues aux causes de la Commune insurrectionnelle de Paris, il arriverait bientôt à la conviction que cette analogie n'existe qu'à la surface des événements. En 1871, Paris a vu les horreurs du radicalisme rouge; en 1815, le Midi connut les horreurs du radicalisme blanc. Sans doute, tous les excès que, soit au nom d'un parti, soit au nom d'un autre, peuvent commettre des insurgés en armes, se ressemblent ; c'est toujours l'incendie, le pillage, le meurtre. Mais, à cela se borne la ressemblance entre les deux époques que nous venons de rapprocher. A l'origine de la seconde Restauration, il y eut quelque chose de plus qu'à la fin du siège de Paris, ou, pour mieux dire, il y eut autre chose. Ce fut, d'une part, le fanatisme de ce qu'on avait appelé la liberté et de la gloire impériale; d'autre part, un dévoûment ardent à la vieille monarchie, à la personne de ses représentants, au roi et surtout au duc d'Angoulême, dévoûment fortifié par la religion, exaspéré par une longue persécution. Les passions étaient exaltées; le caractère méridional y ajoutait sa violence naturelle; sa disposition aux choses extrêmes, en bien comme en mal, les rendait menaçantes. Elles eurent assez de puissance non seulement pour déchaîner tous ceux dont elles flattaient les goûts et les vices, mais encore pour paralyser les fonctionnaires et les magistrats chargés de les comprimer et de les punir. L'effroi qu'elles avaient inspiré leur survécut longtemps et assura l'impunité des coupables.

Les actes qui s'accomplirent alors furent le résultat logique des événements survenus durant les années précédentes. On sortait des guerres de l'empire; tout le monde avait été soldat, professait un mépris absolu de la mort pour soi et pour les autres. On avait tant vu couler de sang depuis vingt-cinq ans, que la vie humaine était comptée pour rien. Puis, c'était l'absence de toute discipline, l'habitude de vivre en pays conquis. Après la débâcle finale, les désertions se multiplièrent dans des proportions formidables; chacun tirait de son côté, emportant armes et équipement; les soldats restés sous les drapeaux n'obéissaient plus, menaçaient leurs officiers de qui ils étaient redoutés. Les Cent-Jours et la chute définitive de l'empire donnèrent à tant de détestables passions une impulsion nouvelle. Il y eut des victimes dont le sang appela des représailles; des représailles qui dépassèrent en cruauté les crimes qui les avaient provoquées, et n'atteignirent, à l'exception du maréchal Brune, des généraux Ramel et de Lagarde, que des gens d'humble extraction, des artisans et des soldats. Les malheureux qui succombèrent dans le Midi n'étaient pas d'un rang plus élevé que leurs meurtriers, et si les provocations vinrent de haut, ce qui n'est pas démontré, la guerre civile se maintint dans les couches sociales les plus modestes et les moins fortunées.

Ainsi, les scènes odieuses que nous allons retracer ne peuvent s'expliquer que par la fougueuse violence des imaginations méridionales, par les ressentiments que le règne des Cent-Jours et les excès des vainqueurs avaient amassés dans les âmes. Mais, ce qui leur donna surtout une physionomie révoltante, ce fut moins encore le caractère des actes perpétrés, que le nombre des victimes et la durée de l'épouvante qui s'était emparée de la partie saine des populations, paralysa le courage des braves gens et trouva des encouragements inconscients dans la faiblesse des autorités locales. Le Midi fut à feu et à sang. Les départements des Bouches-du-Rhône, de Vaucluse, de la Haute-Garonne, virent plusieurs journées marquées par quelque grand crime, tel que les massacres de Marseille, le meurtre du maréchal Brune, celui du général Ramel, d'autres encore. Dans le Gard ce fut pis, car ces troubles sanglants, qui ne purent être arrêtés que par l'intervention des troupes étrangères, se prolongèrent pendant plus de quatre mois, mettant en scène des personnages dont les forfaits ont rendu le nom légendaire et l'ont marqué d'une flétrissure éternelle.

Quoique déjà lointains, ces événements que les historiens de la Restauration n'ont pu considérer qu'au titre d'épisodes secondaires, perdus dans les événements d'ordre général et auxquels ils n'ont consacré que d'incomplètes et souvent inexactes notices, sont dignes cependant d'être mieux connus qu'ils ne l'ont été jusqu'ici. Les pages qu'on va lire les éclaireront d'une lumière nouvelle. Elles ont été écrites après de longues et minutieuses recherches, à l'aide des récits et des polémiques du temps, à l'aide aussi de témoignages recueillis sur les lieux, de communications bienveillantes dont nous remercions les auteurs, et de souvenirs de famille rectifiés dans ce qu'ils avaient d'inexact ou d'obscur, par les nombreux documents politiques, administratifs, judiciaires, enfouis jusqu'à ce jour dans nos archives nationales et départementales. Aussi, avons-nous le droit de dire que pas un fait n'est mentionné dans cet ouvrage qui ne puisse être prouvé, tous ceux dont l'authenticité paraissait douteuse ayant été impitoyablement écartés. Si donc les récits qui suivent ne constituent pas encore toute la vérité, ils ne sont du moins que la vérité, — la vérité présentée pour la première fois en quelques émouvants et rapides tableaux et dégagée de tout esprit de parti.

Nous n'insisterons pas sur les divers enseignements qui se dégagent de notre livre. Le plus éclatant, le seul qui vaille d'être retenu, c'est que tous les partis en France ont commis des fautes. Quelles que soient les circonstances dans lesquelles ils ont été entraînés à les commettre, quelles que soient les raisons à l'aide desquelles ils cherchent à les justifier, aucun d'eux ne saurait, sans se faire illusion ou sans mentir, se vanter d'avoir les mains pures de tout excès. Voilà le fait, le fait brutal, évident, indéniable, dont l'œuvre que nous publions aujourd'hui contient la confirmation. Si ce fait est démontré, ne nous donne-t-il pas le droit de réclamer des partis un peu moins d'âpreté dans leurs luttes, un peu plus de bienveillance dans leurs mutuels rapports ? La tolérance pour les autres s'impose comme un devoir, à quiconque en a besoin pour soi-même[1].

10 avril 1878.

1. Le récit de la « Capitulation de Bordeaux » et celui de la « Capitulation de la Palud » qu'on lira plus loin n'appartiennent pas en réalité à la période de la « terreur blanche ». Mais, ils contribuent à en expliquer les péripéties et en forment en quelque sorte le prologue. C'est à ce titre que nous les avons fait figurer dans ce recueil d'épisodes dont nous n'avons pas cru affaiblir l'autorité, en leur laissant, en plus d'un passage, le ton familier des narrateurs et des documents à qui nous devons quelques-uns des détails qu'on y voit figurer.

LA

TERREUR BLANCHE

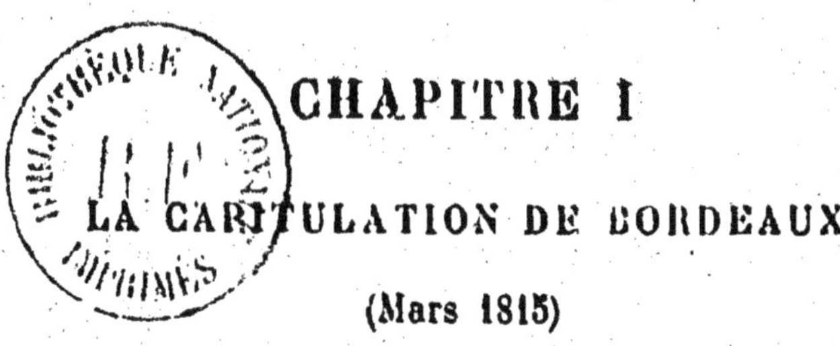

CHAPITRE I

LA CAPITULATION DE BORDEAUX

(Mars 1815)

I

Le 9 mars 1815, le commerce de Bordeaux offrait un bal au duc et à la duchesse d'Angoulême. Un an s'était écoulé depuis le jour où le neveu de Louis XVIII était entré dans Bordeaux afin de prendre, au nom du roi, possession de la ville la plus dévouée aux Bourbons. C'est pour fêter cet anniversaire mémorable qu'accompagné cette fois de la princesse sa femme, il y était revenu dans ce mois de mars 1815, cédant à la prière des Bordelais. L'accueil fait par la population à celle que le roi se plaisait à appeler sa fille, son Antigone, avait été splendide. Au bruit des canons de la rade, au son des cloches, dans le tumulte des tambours et des fanfares, mêlés aux cris de joie d'une population enthousiasmée, une barque pavoisée portant les augustes époux était venue s'amarrer au quai. Après avoir mis pied à terre, ils avaient traversé la ville, pour se rendre au château royal, leur résidence, dans une voiture que traînaient les femmes de la halle, précédées de jeunes filles vêtues de blanc, qui jonchaient de verdure et de fleurs la route qu'ils devaient suivre. Puis les réjouissances s'étaient succédé, et le bal offert par le commerce, le 9 mars, ne devait être lui-même qu'un épisode de ces fêtes mémorables.

Il était neuf heures du soir. Réunies dans le salon qui précédait l'appartement de Madame Royale, les autorités attendaient l'heure de l'accompagner au bal. Dans ce salon, s'étaient présentés, peu à peu, le général comte Decaen, gouverneur de Bordeaux, qui, la veille encore, dans une revue passée au Jardin public, avait protesté de son dévoûment aux Bourbons, le maire, M. Lynch, M. de Filhot de Marans, président du conseil général, M. de Puységur, commandant supérieur de la garde nationale, et quelques privilégiés appartenant aux notabilités de la ville.

Tout à coup la princesse entra, parée, prête à partir. Elle était vêtue d'une robe de satin blanc, b[illegible]dée de dessins et d'arabesques d'or; coiffée d'un [illegible]ban de même étoffe et de même couleur, orné de plumes et relevé d'une aigrette en diamants. Un collier de perles, attaché par une grosse émeraude, coignait son cou. Des gants très longs couvraient ses bras jusqu'au coude et n'en laissaient voir que la partie supérieure. Elle avait alors trente-sept ans. Elle n'était pas jolie; la régularité de ses traits un peu virils s'altérait de je ne sais quelle expression du regard, dure et triste, comme si son œil eût gardé avec une intensité toujours vivante la vision tragique du Temple et des amertumes de l'exil; néanmoins elle imposait la sympathie avec le respect. Inséparable d'un désespoir qui ne voulait pas être apaisé, elle était à tous les yeux la représentation d'une tragique infortune. Son sourire même avait des larmes, dans lesquelles l'imagination emportée vers le drame de 1793 croyait voir des gouttes de sang.

A son entrée, tout le monde se leva; les conversations s'arrêtèrent.

Elle dit doucement :

« Je suis heureuse, messieurs, de vous trouver rassemblés autour de moi. J'attends mon mari, ajouta-t-elle. Dès qu'il sera venu, nous partirons. »

Le prince parut bientôt. Il était accompagné du préfet de la Gironde, M. de Valsusenez et du général Harispe. Habituellement souriant, il était ce soir-là si pâle, avec des traits si troublés, que ses officiers, accoutumés à sa physionomie, pressentirent un malheur. La princesse subit une impression égale avec encore plus de vivacité. Elle fit un pas vers lui, et l'interrogea du regard :

« J'ai à te parler, chère amie », murmura-t-il.

S'adressant à l'assistance, il ajouta à très haute voix :

« Je vous demande un instant, messieurs.... »

Il prit alors des mains du préfet un pli décacheté que ce dernier lui remit en tremblant, l'ouvrit et l'offrit, sans le lire et sans prononcer une parole, à sa femme, qui, après en avoir embrassé les premières lignes, devint toute pâle et leva ses yeux vers le ciel, comme pour le prendre à témoin qu'elle n'avait pas mérité une infortune nouvelle.

« Il faut partir sur-le-champ, fit-elle en regardant son mari.

— Messieurs, dit celui-ci, j'ai une grave nouvelle à vous apprendre. Ayant foi dans votre dévoûment et désireux de m'entourer de vos conseils, je ne crois pas devoir vous la taire. Cependant vous estimerez comme moi qu'il est nécessaire de ne pas la divulguer encore. Au mépris des traités, Bonaparte a quitté l'île d'Elbe. »

Une exclamation s'échappa de toutes les bouches, trahissant la terreur, la stupeur, la colère. Le prince reprit :

« Il a débarqué le 1er mars au golfe Juan, avec un millier d'hommes. La trahison lui a fourni les moyens d'arriver jusqu'à Grenoble. Elle lui a ouvert les portes de cette ville, et, la défection des troupes aidant, l'usurpateur se dirige sur Paris.

— La population lyonnaise est fidèle, dit une voix; elle arrêtera sa marche. »

Le prince secoua la tête et reprit tristement :

« Non, messieurs; ce serait folie de le croire. Une lettre du maréchal Macdonald, que je viens de recevoir, ne permet pas les illusions. L'usurpateur trouvera la route libre jusqu'à Paris. C'est dans l'Ouest, c'est ici, dans le Midi, dans ces provinces à qui la cause royale est chère, que devra se concentrer la résistance. Tel est du moins l'avis du roi. »

Tandis que le prince parlait ainsi, l'angoisse et la douleur s'étaient emparées des âmes. D'abord, ses révélations avaient rencontré l'incrédulité; puis, à mesure que par l'énergie de l'affirmation et la précision des détails, elles apportaient l'évidence, la stupéfaction avait succédé à l'incrédulité. Parmi les quelques personnes réunies dans ce salon, il y eut, tout à coup, comme un mouvement électrique et le cri de « Vive le roi! » sortit de toutes les bouches. Le comte Decaen ne criait pas moins que les autres. Le prince se retourna vers lui :

« Répondez-vous de vos troupes, général? lui demanda-t-il.

— Je ne peux répondre que de moi, objecta le gouverneur. Mais j'ose espérer que les troupes placées sous mes ordres feront leur devoir. »

Un profond silence succéda à ces paroles.

« A la grâce de Dieu! s'écria le prince. Tant pis pour ceux qui méconnaîtront ce devoir. Je dois ajouter, messieurs, continua-t-il, que le roi a décidé de former un gouvernement général du Midi et de le placer sous mon autorité. Toulouse sera le siège de ce gouvernement, dont les pouvoirs civils seront organisés par l'un des ministres du roi. Par ordre de Sa Majesté, je suis investi des pouvoirs militaires les plus étendus. C'est à Nîmes, où je vais me rendre sur-le-champ, que je suis appelé à les exercer d'abord. En ce qui concerne Bordeaux, je les délègue à M. le général comte Decaen, qui les détiendra sous l'autorité de Mme la duchesse d'Angoulême, à qui je confie votre bonne ville et que je confie elle-même à votre garde, messieurs. »

Une acclamation répondit à ce langage. Toutes les mains se tendirent vers le prince. On l'entourait; on entourait Madame Royale. C'était à qui jurerait de périr pour leur cause. Le prince et la princesse, émus jusqu'aux larmes, répondaient par des paroles de remercîment et de gratitude.

« Il ne me reste, messieurs, qu'à prendre congé de vous, ajouta le duc d'Angoulême. Je partirai dans quelques heures. »

Mais, à ce moment, M. Lynch, maire de Bordeaux, s'avança :

« Monseigneur, dit-il, j'ose supplier votre Altesse Royale de ne pas quitter la ville sans paraître au bal du commerce. Ce serait pour nos concitoyens qui se préparent à recevoir les enfants bien-aimés de notre roi une inconsolable douleur de les voir se soustraire aux témoignages d'un inaltérable attachement. Que nous gardions encore secrète la nouvelle douloureuse que votre Altesse Royale vient de nous apprendre, je le veux bien; mais, si demain, lorsqu'elle sera devenue publique, on la rapproche du départ précipité de votre Altesse, et surtout de son absence, ce soir, on croira que le malheur est plus grand encore qu'il n'est; on croira que la cause des Bourbons est perdue. Daignez vous montrer, monseigneur; il le faut.

— Monsieur le maire a raison, mon ami, dit alors Madame Royale. Nous allons nous rendre au bal. »

Le prince ne fit aucune objection. Il donna à l'un de ses aides de camp l'ordre d'expédier sur-le-champ un courrier chargé de préparer les relais tout le long de la route, jusqu'à Montpellier. Lui-même comptait se mettre en voyage avant le jour.

Quelques instants après, le duc et la duchesse d'Angoulême, suivis d'un pompeux cortège, faisaient leur entrée dans la salle du bal, aux acclamations d'une foule parée et brillante, fortement unie dans l'amour de son roi. Personne ne se doutait encore du terrible secret dont quelques privilégiés étaient en ce moment les seuls dépositaires, et qui devait, le lendemain, mettre en deuil tous les partisans des Bourbons. Le calme et la sérénité des augustes invités ne se démentirent pas un seul instant. Nul ne devina les douloureuses préoccupations de leur âme. La fête fut splendide et se prolongea fort tard. Il était trois heures du matin, quand le prince, après avoir échangé avec Madame Royale les plus tendres adieux, monta en chaise de poste, accompagné de l'un de ses officiers, le duc de Guiche, pour se rendre à Montpellier, d'où il devait gagner Nîmes.

II

Le lendemain de ce jour, la duchesse d'Angoulême réunit autour d'elle les personnages de Bordeaux les plus influents par leur situation et les plus connus par leur attachement à la cause royale. A ceux que nous avons nommés déjà, vinrent se joindre le vicomte Mathieu de Montmorency, son chevalier d'honneur; M. de Lur-Saluces, son écuyer; M. Ravez, M. de Marcellus, M. de Martignac, M. de Peyronnet, M. de Pontac, d'autres encore, qu'elle destinait à former un conseil du gouvernement.

M. Lainé, président de la Chambre des députés, ayant quitté Paris au moment où Bonaparte y entrait, se réunit à eux quelques jours plus tard pour imprimer une direction énergique à la défense. Madame Royale leur communiqua officiellement les nouvelles qui commençaient à se répandre dans la ville. Elle parla un langage ferme et viril, fit partager à tous les cœurs l'intrépidité dont elle était elle-même animée. On aborda sur-le-champ l'examen des moyens de résistance. Pour que cette résistance fût possible et efficace, il fallait deux choses : des hommes et de l'argent.

Le général Decaen ne dissimulait pas qu'il serait imprudent de compter absolument sur les troupes placées sous ses ordres. Dans la mémoire de ces soldats, conduits par Napoléon à travers toute l'Europe, longtemps victorieux, toujours glorieux, le souvenir de l'empereur était demeuré inoubliable. Ils s'étaient résignés d'assez mauvaise grâce au gouvernement des Bourbons; loin de s'unir aux populations dans une communauté d'affection pour la famille royale, ils n'avaient cessé d'espérer le retour de leur ancien chef. Comment espérer qu'en apprenant sa marche triomphale vers Paris, son entrée dans la capitale, l'enthousiasme de ses régiments, la garnison de Bordeaux ne serait pas tentée de faire comme les autres et de passer à l'usurpateur? Cependant, le général Decaen manifestait encore assez d'espoir. Il se montrait même plus rassuré que la veille. Il croyait pouvoir répondre de la fidélité d'une armée qui aurait sous les yeux l'exemple que la ville de Bordeaux se préparait à donner.

Après un long débat, M. de Pontac proposa de lever des corps de volontaires et offrit d'en prendre le commandement. Ces volontaires réunis à la garde nationale formeraient une légion imposante qui seconderait les troupes, les entraînerait et les retiendrait dans le devoir. Cette proposition fut acceptée. Quant aux ressources pécuniaires qui faisaient défaut, on ne pouvait les demander qu'au patriotisme des Bordelais. Il fut décidé que, dès ce jour, des souscriptions seraient ouvertes.

Disons, pour n'y plus revenir, qu'en une semaine, les corps de volontaires furent organisés et que, pour les équiper, on recueillit plus d'un million. Il fut même question de former avec ces troupes dévouées des cadres dans lesquels on incorporerait les soldats les plus sûrs des régiments dont on pouvait redouter la défection. Mais ce projet parut offrir plus de périls que d'avantages et fut abandonné. Il est vrai qu'au moment où il fut soumis à l'examen du conseil de défense, c'est-à-dire quelques jours plus tard, le roi avait quitté Paris. Bonaparte y était entré sur ses traces, trouvant, comme on le disait aux Tuileries, « la place toute chaude ». Ce double événement avait entraîné la garnison de Bordeaux dans le mouvement défectionnaire, commun à toutes les troupes qui subissaient le contact de l'empereur.

A la suite de ces décisions, on ne s'occupa plus que de préparer la résistance. Il y eut de tous côtés un merveilleux concours de dévoûments. On armait le port, on équipait les volontaires dont le nombre augmentait sans cesse et dont quelques-uns voulurent former autour de la princesse une garde d'honneur. Pour elle, ferme, intrépide, héroïque, elle présidait comme un homme, comme un soldat, à ces apprêts belliqueux. Debout dès le matin, elle allait d'un point à un autre, encourageant les travailleurs, inspirant à tous sa propre confiance. Elle recevait les nouvelles de Paris et de Lyon. Elle écrivait au roi, au comte d'Artois, à son mari. Chaque jour des courriers lui arrivaient. Elle pouvait suivre, heure par heure en quelque sorte, la marche de Bonaparte et ses progrès. Mais ces tristes symptômes ne parvenaient pas à altérer la sérénité de son âme, et durant ces moments d'épreuves, elle mérita l'admiration dont les témoignages éclataient autour d'elle.

Le 23 mars, vers neuf heures du matin, M. de Vitrolles, secrétaire du conseil du roi, arriva de Paris. Conduit auprès de la duchesse d'Angoulême, il la trouva dans sa chambre, agenouillée. Elle priait. Au bruit de ses pas, elle se leva et s'avança vers lui.

« Vous venez de Paris, monsieur? demanda-t-elle.

— Je l'ai quitté voici trois jours, madame, et j'ai cette lettre à remettre à votre Altesse Royale de la part de Sa Majesté. »

Elle prit la lettre, la lut, puis elle s'assit en disant :

« Parlez, parlez vite. »

Alors M. de Vitrolles raconta le triste départ du roi dans la nuit du 19 au 20. Louis XVIII s'était dirigé vers le Nord, comptant s'arrêter à Lille et y tenir contre Bonaparte aussi longtemps qu'il le pourrait, avec l'espoir que la résistance organisée sur divers points du territoire porterait rapidement ses fruits. Cette résistance, dont le siège devait être à Toulouse, couvrirait tout le Midi, de Nantes à Marseille. Le duc d'Angoulême aurait son quartier général à Nîmes, le duc de Bourbon à Angers, le maréchal Gouvion Saint-Cyr à Orléans. Tous les ordres, toutes les ressources seraient expédiés de Toulouse, où le comte d'Artois représenterait l'autorité royale et d'où il se mettrait en communication avec les préfets. Il était permis d'espérer que ce plan aurait d'heureuses conséquences.

« Mais les troupes, peut-on compter sur elles? demanda la princesse d'un accent qui trahissait ses craintes.

— On les licenciera, s'il le faut; on les remplacera par des volontaires. On nous en promet dix mille sur les bords de la Loire. Le Midi en fournira deux fois autant....

— C'est bien, monsieur. Il me paraît nécessaire que vous fassiez connaître aux autorités de Bordeaux les ordres du roi et que vous vous entendiez avec elles pour en assurer l'exécution ici. »

Quelques heures après, M. de Vitrolles exposait de nouveau ses plans devant une nombreuse assemblée, composée de tous les fonctionnaires et de tous les hommes considérables de la ville. Ils furent unanimement approuvés.

A l'issue de cette réunion, M. de Vitrolles s'entretint longtemps avec le général Decaen, afin d'aviser aux meilleurs moyens d'exécuter les résolutions qu'il venait de faire connaître. L'attitude du gouverneur était telle que, malgré divers soupçons dirigés contre lui et dont l'expression était parvenue jusqu'à la princesse, on ne pouvait mettre en doute sa fidélité. Cependant, il ne paraissait plus aussi sûr de celle de ses troupes. Déjà, en effet, on signalait parmi elles des symptômes précurseurs de la défection. Quelques officiers donnaient à entendre qu'ils ne se prêteraient pas à une guerre civile. Plusieurs soldats s'étaient montrés dans les rues, après avoir arraché de leurs shakos les fleurs de lis, sans oser cependant y mettre encore les aigles. Il fallait bien fermer les yeux sur ces actes d'indiscipline. Un seul espoir était permis, c'est que la totalité de la garnison ne les imiterait pas. Enfin le bataillon qui occupait la forteresse de Blaye affichait ouvertement ses sympathies pour Bonaparte. Malgré les ordres de la princesse, l'officier qui le commandait s'était abstenu de venir prêter entre ses mains le serment de fidélité qu'elle avait exigé de tous les chefs de corps. Que de cruels soucis! Que de graves embarras! Il est vrai que plus ils semblaient s'accroître et plus la population, les volontaires, la garde nationale redoublaient de dévoûment et de zèle. M. de Vitrolles partit le 25 mars pour Toulouse.

Le lendemain de son départ, le général Decaen passa les troupes en revue, en présence de la duchesse d Angoulême. Elles se montrèrent calmes. Nulle protestation n'accueillit les paroles qu'il prononça pour les engager à demeurer fidèle à la cause royale. Un incident heureux vint même, pour un moment, apaiser les craintes. Les officiers du 8e et du 62e acceptèrent un banquet que leur offrit l'état-major de la garde nationale. Au dessert des toasts furent portés au roi. On entendit le général Decaen faire montre de sa fidélité, et, après lui, le général Donnadieu, royaliste ardent, arrivé la veille de Tours, siège de son commandement, d'où la révolte l'avait forcé de fuir, proférer des menaces contre ceux qui seraient tentés de trahir leur roi. Loin d'exciter des murmures, il fut applaudi. On put croire alors que si la plus grande partie des troupes manquait au devoir, il se trouverait encore parmi elles assez de soldats fidèles, assez d'officiers dévoués, assez de chefs énergiques pour grossir les rangs des volontaires et leur donner la cohésion et la fermeté. C'était une illusion que les événements emportèrent deux jours après.

Un émissaire envoyé à la princesse par les royalistes d'Angoulême vint faire connaître que le général Clauzel, nommé par Bonaparte au commandement de la division de la Gironde, avait quitté cette ville, après y avoir été retenu prisonnier pendant quelques heures par un officier de gendarmerie qui lui attribuait le dessein d'aller soulever le Midi au profit du roi; il s'avançait vers Bordeaux, avec une troupe de deux cents hommes, comptant fermement sur la garnison pour pénétrer dans la cité girondine. Cet émissaire ajouta que, sur le passage du général, les villes faisaient leur soumission à l'empereur. Clauzel était un soldat d'un rare mérite, un diplomate habile, un orateur éloquent. Sa parole et, par-dessus tout, sa confiance dans la cause au nom de laquelle il haranguait les militaires et les populations, formaient sa principale force. Il se plaisait à dire que Bordeaux ouvrirait ses portes devant lui, sans qu'il fût même obligé de menacer.

A dater de ce jour, s'accomplirent des événements dont les détails n'ajouteraient rien à l'intérêt de ce récit. La défaite de cinq cents volontaires envoyés au Carbon-Blanc, pour défendre contre le général Clauzel, et contre la poignée d'hommes qui le suivait, le passage de la Dordogne; la marche en avant de cette troupe dont la confiance jetait le trouble parmi les défenseurs de la ville; la révolte de la citadelle de Blaye; les angoisses qui régnaient dans Bordeaux, tels sont les principaux traits de ces heures. Le 31 mars, le commandant des forces impériales occupait la rive droite de la Dordogne, à Saint-André-de-Cubzac. C'est là que M. de Martignac, officier d'ordonnance du chef supérieur des volontaires royaux, vint le trouver au nom de la duchesse d'Angoulême, afin de recevoir de ses mains les prisonniers qu'il avait faits au Carbon-Blanc. Le général profita de cette circonstance pour entretenir l'envoyé de la princesse. Il lui dit :

« Votre résistance est inutile. Bordeaux m'appartient déjà. Les troupes sont à moi, et si elles n'ont pas fait encore leur manifestation au profit de l'empire, c'est qu'elles attendent mes ordres, et que je ne veux pas, par respect pour la princesse, entrer dans Bordeaux tant qu'elle y sera. Mais je suis, dès à présent, libre de m'en faire ouvrir les portes, à l'heure qui me conviendra.

M. de Martignac rapporta ces paroles, en même temps qu'une lettre dans laquelle le général sommait respectueusement la princesse de ne pas tenter une lutte vaine. Elle ressentit, en la recevant, une profonde douleur et une amère indignation. Il lui fut impossible de ne pas rappeler les grâces que le gouvernement du roi avait accordées à ce général Clauzel, si prompt à déserter sa cause.

« On nous provoque, disait-elle, nous combattrons; on nous attaque, nous nous défendrons. »

C'est dans ce sens qu'elle parla aux autorités réunies par ses ordres, tandis que la population attendait, anxieuse, ses résolutions. Mais elle ne trouvait pas autour d'elle une ardeur égale à la sienne. L'attachement qu'ils portaient aux Bourbons n'aveuglait pas les hommes sages au point de les tromper quant aux périls et à l'inutilité d'une résistance qui, sans le concours de la garnison, devenait impossible. Le général Decaen, interrogé sur la solidité de ses moyens de défense, baissait tristement la tête, en déclarant qu'on ne pouvait compter sur ses soldats et qu'il serait impuissant à leur imposer la neutralité, au cas d'un conflit entre la troupe royale et le général Clauzel. M. Lainé, dont le zèle royaliste s'augmentait de sa haine contre Bonaparte, prit la parole.

« L'histoire de Bordeaux, s'écria-t-il, ne sera pas déshonorée par l'abandon d'une princesse demandant des armes à des Français. »

La duchesse d'Angoulême l'interrompit en disant :

« Il ne s'agit pas de moi, mais de Bordeaux. Est-il possible ou non de conserver cette ville à l'autorité royale sans vouer ses habitants à la ruine? Voilà la seule question. Je reste si Bordeaux se défend ; je pars s'il capitule. »

M. Lainé interpella de nouveau le général Decaen. Celui-ci garda le silence. Alors, la princesse, s'adressant à M. de Martignac qui assistait à cette délibération, lui demanda si le passage de la Dordogne serait défendu.

« Les gardes nationaux que j'y ai laissés mourront à leur poste avant de livrer passage à l'ennemi », répondit M. de Martignac.

Il se trompait. A l'heure même où il se portait caution pour la garde nationale, c'est-à-dire vers minuit, elle était battue sans combat par les forces du général Clauzel, augmentées de la garnison de Blaye, et ce dernier se préparait à venir occuper la rive droite de la Garonne, en face de Bordeaux. Il y arriva le lendemain matin, 31 mars, sur les traces des gardes nationaux qui fuyaient devant lui.

III

Cette nuit fut une nuit fiévreuse, tumultueuse, agitée. La princesse, rentrée dans sa chambre vers une heure, s'était jetée sur son lit. MM. de Montmorency et de Lur-Saluces veillèrent dans le salon qui précédait son appartement. Les bruits des rues leur arrivaient. On y circulait comme en plein jour. La défaite que venait de subir, sur la Dordogne, la garde nationale n'était pas encore connue. Mais on attendait des nouvelles avec une impatience où l'angoisse avait plus de part que la curiosité. Au lever du soleil la princesse parut, les traits décomposés par la douleur qui brisait son âme, autant que par l'insomnie. Mais l'intrépidité de son regard restait entière. Elle fit quelques pas vers une fenêtre. A ce moment, une clameur bruyante retentit et, dans cette clameur, on entendit ces mots :

« Nous avons été coupés ! on nous a trahis ! »

C'étaient les volontaires que le général Clauzel

avait mis en fuite quelques heures avant. Ils n'avaient même pas combattu. Ils s'étaient laissé tromper par des rumeurs alarmantes. Entraînés dans une panique inexpliquée, ils avaient abandonné leur poste.

Quand la princesse connut ces tristes nouvelles : « Tout nous accable », murmura-t-elle.

Le général Decaen entra. Elle courut à lui avec une vivacité qui touchait à la violence, tant le mouvement qui la poussa en avant fut impétueux.

« Vous voilà, monsieur le gouverneur, s'écria-t-elle; vous savez ce qui se passe. Le général Clauzel a forcé le passage de la Dordogne. Il est là, en face de nous, et déjà le drapeau de la sédition ose se montrer aux habitants de Bordeaux.

— Je le sais, madame.

— Le péril est imminent; il faut le conjurer. Réunissez tous les gardes nationaux, tous les volontaires, et courez défendre le passage de la Garonne. Vous serez plus heureux, je l'espère, qu'on ne l'a été cette nuit. Allez, général.

— Mais, c'est impossible, madame.

— Impossible! impossible de conserver au roi cette ville, dont la population lui est dévouée! Pourquoi?

— Parce que nous serions infailliblement pris entre deux feux, celui du général Clauzel et celui de la garnison. »

La princesse tressaillit. Elle promena son fier regard sur toutes les personnes présentes, dont le nombre s'était accru, pendant qu'elle parlait, de plusieurs généraux et de divers fonctionnaires. Puis elle reprit :

« Ainsi, la garnison refuse de combattre pour son drapeau, pour son roi, pour moi ! C'est une lâcheté à laquelle je ne croirai qu'après l'avoir vue. Je désire que les régiments soient immédiatement réunis dans leurs casernes ; j'irai m'assurer par moi-même de leurs sentiments.

— Madame, je demande à votre Altesse Royale la permission de ne pas lui obéir, répliqua le général Decaen. Elle n'a pas songé aux conséquences possibles d'une pareille visite, dans un pareil moment. Elle ne peut exposer sa dignité, sa personne....

— Général, je le veux ! S'il y a des conséquences fâcheuses, j'en prends la responsabilité. »

Le général et ses officiers essayèrent encore de la dissuader de l'exécution de ce projet. Mais elle les interrompit, en disant :

« Je ne force personne à me suivre. J'ai donné un ordre, je veux être obéie. »

Le gouverneur Decaen s'inclina et sortit pour exécuter ces instructions absolues et rigoureuses. Alors, la fermeté qui avait soutenu la princesse pendant la scène qu'on vient de lire l'abandonna. Elle se laissa tomber sur une chaise, et pleura amèrement, sans se contraindre devant ses serviteurs fidèles, sachant bien que pour sécher ses larmes, ils auraient donné leur vie. Elle ne se faisait plus illusion sur la défaite politique de la cause royale en France. Elle sentait que cette défaite politique devait entraîner la défaite militaire. Néanmoins, elle était résolue à tenter jusqu'à la fin tout ce qui était propre à la retarder ou à la conjurer.

Quelques instants après, escortée d'un nombreux état-major, à la tête duquel marchait le général Decaen, elle entreprenait la tâche héroïque qu'elle s'était imposée. Au milieu d'un immense flot de population qui ne cessait de l'acclamer, elle se présenta aux casernes de Saint-Raphaël. Les troupes formées en carré l'attendaient; mais à son entrée, elles ne poussèrent pas un cri. Elle s'avança cependant, et, groupant les officiers autour d'elle, elle leur dit :

« Vous connaissez, messieurs, les événements qui s'accomplissent en ce moment. Un usurpateur vient menacer la couronne que vous avez juré de défendre. Bordeaux est menacé par une poignée de soldats révoltés. Mais la garde nationale est disposée à défendre la ville. Voici le moment de montrer que vous entendez rester fidèles à vos serments. Je suis venue vous les rappeler et connaître par moi-même vos sentiments. Êtes-vous résolus à seconder avec moi la résistance, à concourir à la défense? Répondez franchement. J'aime mieux un refus qu'une trahison. »

Aucune bouche ne s'ouvrit pour répondre à ce pressant appel de la courageuse femme. Ceux auxquels elle s'adressait n'osaient soutenir son regard. Ils se taisaient, en détournant les yeux.

« Ne vous souvenez-vous donc plus des serments qu'il y a si peu de jours, vous avez renouvelés dans mes mains? » reprit-elle.

Un chef de bataillon fit quelques pas et lui dit :

« Votre Altesse Royale peut compter sur nous pour veiller à sa sûreté personnelle.

— Il ne s'agit pas de moi, mais du roi. Oui ou non, voulez-vous le servir?

— Nous obéirons aux ordres de nos chefs pour servir la patrie. Mais nous ne voulons pas la guerre civile. Nous ne combattrons pas contre nos frères....

— Vos frères! Des révoltés! »

Elle s'arrêta; puis d'un accent ferme et hautain, elle demanda :

« S'il y a parmi vous des hommes résolus à tenir leurs serments, qu'ils sortent des rangs. »

Quelques-uns agitèrent leur épée.

« Vous êtes en bien petit nombre! dit amèrement la princesse. N'importe, on sait du moins sur qui l'on peut compter. »

Au moment où la duchesse d'Angoulême allait remonter en voiture, le général Decaen la supplia de renoncer à poursuivre cette cruelle épreuve. Les autres casernes, assurait-il, étaient encore plus mal disposées. Mais l'indomptable princesse répondit :

« J'irai jusqu'au bout. »

A la seconde caserne dans laquelle elle se présenta, l'accueil fut terrible. Les soldats, rangés en bataille, la laissèrent arriver elle et sa suite jusqu'au-devant d'eux, et là, comme elle ouvrait la bouche pour les haranguer, ils lui coupèrent la parole par un formidable cri de : « Vive l'empereur! » Elle devint très pâle, puis un flot de sang couvrit ses joues, tandis que son regard se promenait attristé sur cette troupe dont les officiers ne pouvaient obtenir le silence. Sans dire un seul mot, sans vouloir rien entendre, elle entraîna son escorte jusqu'au Château-Trompette où le régiment d'Angoulême tenait garnison. Elle espérait que ces soldats qui portaient son nom se montreraient reconnaissants des bienfaits dont elle les avait comblés. Mais, à la porte même de la forteresse, elle fut arrêtée par les sentinelles auprès desquelles apparut presque aussitôt le commandant du poste, qui déclara que la princesse n'entrerait que suivie d'un petit nombre d'officiers, et que le gros du cortège l'attendrait au dehors. Elle accepta, franchit la voûte obscure et se trouva en face de troupes encore plus malveillantes que les autres. Elles se taisaient; mais la colère était dans les yeux, les mains tremblaient sur les fusils et un long murmure se faisait entendre.

« Eh quoi! s'écria-t-elle, est-ce au régiment d'Angoulême que je viens parler en vain? Avez-vous donc oublié les grâces que mon mari vous a prodiguées? Et moi, entre les mains de qui vous renouveliez vos serments; moi, qui vous ai donné vos drapeaux, moi que vous nommiez votre princesse, ne me reconnaissez-vous pas? »

Les soldats demeurèrent impassibles. Elle eut alors un cri de révolte et de colère, et ces mots tombèrent de ses lèvres :

« O Dieu! après vingt ans d'infortune, il est bien cruel de s'expatrier encore. Je n'ai pourtant jamais cessé de faire des vœux pour la France, car je suis Française, moi; mais, vous, vous n'êtes plus Français. »

Une clameur arrêta sa parole. Les soldats rompirent leurs rangs, l'entourant, la menaçant, tandis qu'un seul officier venait se placer auprès d'elle pour la défendre, en disant :

« Je tiendrai mon serment, madame; quoi qu'il arrive, je ne vous quitterai pas. »

Elle eut pour lui, l'auguste fille de Louis XVI, un regard par lequel il dut être payé de son dévoûment impuissant. Puis, écartant d'un geste le général Decaen qui la suppliait de partir, elle s'avança, fière et silencieuse, devant les soldats mutinés. Domptés par son courage, rendus à eux-mêmes, honteux de leur colère, ils reformèrent leurs rangs peu à peu. Elle s'éloigna, non sans avoir la douleur, au moment où elle quittait la forteresse, de les entendre proférer le cri de : « Vive l'empereur! » qui se perdit dans le roulement des tambours. Durant le trajet qu'elle fit pour rentrer au château royal, Madame arrêta ses résolutions. Elle envoya chercher M. de Martignac.

« Tout est fini, lui dit-elle. Les troupes ont refusé de servir la cause royale. Je m'y attendais. Au moment même où je les adjurais de la défendre, je frémissais à la pensée qu'elles allaient me faire des promesses qu'elles n'auraient pas tenues et que la brave population de Bordeaux, victime de ma confiance, se ferait égorger pour moi. Il n'y a plus de lutte possible. Allez trouver le général Clauzel. Vous lui direz que, dans un temps plus heureux, je l'avais distingué. Il protestait alors de son dévoûment. Je n'en veux qu'une preuve. Je lui demande de remettre son entrée à demain et de traiter avec égards la ville que j'aime et que je lui rends. Ce qu'il aura fait pour elle touchera mon cœur comme s'il l'avait fait pour moi-même. »

M. de Martignac partit sur-le-champ. Il emportait en même temps une lettre signée du maire et du général Decaen, qui annonçait à Clauzel la reddition de la ville et qui se terminait ainsi : « Au nom des autorités civiles et militaires de la ville, nous vous demandons jusqu'à demain matin pour que le départ de Madame puisse avoir lieu avec les honneurs dus à son Altesse Royale [1]. » Le général accéda sur-le-champ au désir dont M. de Martignac était l'organe. Ses troupes passaient la Dordogne depuis le matin et se dirigeaient sur Bordeaux. Il s'engagea à les arrêter. Il promit également de ne pas faire usage des canons déjà braqués sur la ville et de ne pas attaquer la duchesse d'Angoulême au moment où elle écrivait la plus belle page de son

1. Archives du dépôt de la guerre.

histoire. Puis, afin de prouver à M. de Martignac que déjà Bordeaux était à lui, il donna un ordre, et à un signe convenu, le Château-Trompette, sur l'autre rive de la Garonne, arbora le drapeau tricolore.

Pendant ce temps, la population exaspérée, fidèle quand même à une cause vaincue, courait aux armes. Toutes les maisons se pavoisaient de drapeaux blancs. On ne parlait de rien moins que de mettre à mort le général Decaen, qu'on accusait de trahison. Madame Royale essaya d'apaiser les passions. Elle réunit autour d'elle les officiers de la garde nationale.

« Je vous demande un dernier sacrifice, leur dit-elle. Promettez de m'obéir....

— Nous le jurons! s'écrièrent-ils.

— On ne peut compter sur la garnison, et il est inutile de chercher à se défendre; vous avez assez fait pour l'honneur de votre ville. Conservez au roi des sujets fidèles pour des jours moins douloureux. Je lui rendrai compte de votre dévoûment. Sauvez du moins, par votre résignation, une ville qui lui est chère. Je vous ordonne de ne pas combattre.

— Non, vous n'ordonnerez pas cela; nous mourrons pour vous.

— Vous avez juré, messieurs.

— Relevez-nous de notre serment. »

Elle dut parler encore pour les calmer, pour les contraindre à lui obéir et éviter une collision entre les troupes et le peuple. Elle eut enfin raison de l'enthousiasme et de la fidélité, plus bruyante qu'effective, de la cité girondine. Grâce à elle, on n'eut à déplorer d'autre malheur que la mort d'un capitaine de la garde nationale, frappé d'un coup de feu parti des rangs de la foule qui avait cru, bien à tort, reconnaître en lui un agent de Bonaparte.

Elle adressa ses dernières recommandations au général Decaen.

« Vous me répondez de la sûreté de la ville et de ses habitants. Maintenant, c'est à vous de la préserver.

— Je jure de le faire....

— Ah ! assez de serments, s'écria Madame. Je n'en veux plus. Contentez-vous d'obéir au dernier ordre de la nièce de votre roi. »

Vers le soir, le consul d'Angleterre vint prévenir la fille de Louis XVI qu'un navire anglais, le *Wanderer*, l'attendait, elle et sa suite, à Pauillac. Pressée de quitter une ville où sa présence ne pouvait que causer des malheurs, elle se prépara à partir. Elle se mit en route dans la nuit. Les volontaires, au nombre de cent environ, l'accompagnèrent. Ils ne pouvaient se résoudre à abandonner l'héroïque femme. Il pleuvait à torrents. Le vent soufflait impétueux, et c'est au jour seulement qu'elle arriva à Pauillac. Le *Wanderer* attendait non loin du rivage, et une chaloupe, dirigée par le commandant, devait y conduire la princesse. Il se passa alors une scène touchante. Les volontaires, les larmes aux yeux, les protestations aux lèvres, entouraient Madame, la pressant, baisant ses mains. On l'arracha enfin à ces adieux, et quelques instants après, elle était à bord du *Wanderer*, secoué violemment par les vagues. A ce moment, le navire fut entouré par quatre ou cinq barques dans lesquelles s'étaient jetés les volontaires.

« Adieu, Madame, adieu », s'écrièrent-ils.

Brisée par l'émotion et la douleur, elle les saluait d'une main sans courage, les suppliant de s'éloigner.

« Non, non, encore ! » reprirent les mêmes voix.

Et l'une d'elles, dominant les autres, ajouta :

« Un souvenir, un souvenir de vous ! »

Alors elle arracha vivement les plumes blanches de son chapeau, les rubans de sa robe; elle les jeta à ces braves gens en bégayant ces mots :

« Tenez, tenez, tenez, mes amis, je vous reconnaîtrai tous. »

Puis elle rentra chancelante dans sa cabine, tandis que le navire chargé de la conduire une seconde fois en exil se dirigeait vers les côtes d'Espagne.

A quelques jours de là, Napoléon Ier, qui se connaissait en courage, s'étant fait rendre compte des circonstances qui avaient marqué le séjour de Madame Royale à Bordeaux, dit, en parlant d'elle :

« C'est le seul homme de sa famille ! »

Il se trompait, et, plus tard, mieux instruit, il a reconnu lui-même, à Sainte-Hélène, que tous les princes de la maison de France s'étaient montrés, durant ces tristes jours, les dignes émules de l'héroïque duchesse d'Angoulême.

Fidèle à sa parole, le général Clauzel n'entra dans Bordeaux qu'après le départ de la princesse; c'était le matin du 20 avril. La garnison l'attendait; elle l'accueillit avec enthousiasme, tandis que la population restait calme et silencieuse sur son passage. Le même jour, il écrivait au ministre de la guerre : « Je ne dois pas dissimuler à Votre Excellence que cette ville offre l'image de la consternation. Les esprits y sont mal disposés, et j'ai lieu de croire qu'il serait utile au service de l'empereur de prendre dans le plus bref délai des moyens propres à éteindre les germes de sédition et de révolte[1] ». Les germes auxquels le général Clauzel faisait allusion furent, en dépit de ses craintes, promptement éteints. Pendant les Cent-Jours, Bordeaux demeura calme; mais ce fut la première ville de France qui fit ensuite sa soumission au roi, et si la réaction royaliste s'y manifesta par des actes douloureux, tels que la condamnation des frères Faucher, du moins, elle ne dégénéra pas, comme à Marseille, à Nîmes, à Avignon, à Uzès et à Toulouse, en massacres commis par la population ameutée.

1. Archives du dépôt de la guerre.

CHAPITRE II

LES CENT-JOURS ET LA RÉACTION DANS LE GARD

(Mars-Novembre 1815)

I

La nouvelle du débarquement de Bonaparte sur le rivage du golfe Juan eut en Europe l'éclat d'un coup de foudre. En apprenant que l'empereur se dirigeait sur Paris à marches forcées, appelant l'armée à lui et précédé d'une proclamation dans laquelle on lisait ces mots prophétiques et menaçants : « L'aigle, avec les couleurs nationales, volera de clocher en clocher, jusqu'aux tours de Notre-Dame », les grandes villes du midi de la France se sentirent agitées d'une secousse convulsive. Ce retour fatal qui venait porter à l'œuvre d'apaisement, entreprise par la Restauration, un coup irrémédiable autant qu'inattendu, provoqua dans Nîmes le déchaînement de passions endormies depuis si longtemps qu'on pouvait les croire éteintes; il les réveilla terribles et meurtrières.

Le 6 mars, dès le matin, on vit des groupes bruyants stationner aux abords des Arènes, devant la préfecture et le théâtre, sur toutes les places, aux Carmes et sur l'Esplanade; on y discutait la grande nouvelle. Les uns se plaisaient à la mettre en doute; les autres, la tenant pour vraie, proposaient de courir sus à l'usurpateur et de sauver, par sa mort, la France et le roi.

Personne n'osait encore se réjouir ouvertement. Mais l'allure anxieuse et provocante des officiers à demi-solde, nombreux dans Nîmes, les regards mystérieux qu'ils échangeaient avec divers citoyens de la ville, connus par la haine que leur inspiraient les Bourbons et qui appartenaient pour la plupart à la société protestante, trahissaient clairement que la révolution soudaine dont la France était menacée comptait des partisans ardents, avant même de s'être accomplie. Leurs propos hâbleurs trahissaient les espérances que la plupart de ceux qui avaient servi Bonaparte fondaient sur son retour. Il y avait bien là de quoi alarmer les hommes attachés aux Bourbons, qui les avaient pleurés et attendus pendant vingt-cinq ans, qui se voyaient menacés de les perdre, au moment où ils commençaient à goûter les bienfaits de leur gouvernement réparateur, menacés surtout d'avoir à subir de nouveau le joug pesant du despote qui payait naguère du sang le plus pur de la France et de ses trésors les plus précieux, les conquêtes éphémères à l'aide desquelles il avait tenté de satisfaire son insatiable ambition. N'allait-on pas assister de nouveau à une invasion et au déchaînement d'un fléau non moins redoutable que l'invasion : la guerre civile?

Comme Avignon et Marseille, Nîmes renferme une population aux passions chaudes, brutales, tumultueuses. Au temps dont nous parlons, ces passions s'y compliquaient de tous les ressentiments qu'avaient laissés dans les cœurs les guerres religieuses et l'antagonisme qui, pendant si longtemps, a tenu les habitants de Nîmes divisés en deux camps, l'un formé des catholiques, l'autre des protestants.

Depuis la Restauration, ceux-ci, bien qu'ils eussent souffert aussi de la domination impériale, s'en étaient faits les champions par haine de la royauté. C'est parmi eux que le retour de Bonaparte devait causer la joie la plus vive, et l'on pouvait craindre que si cette joie se traduisait avec violence, comme une insulte à la douleur des royalistes, elle eût pour résultat certain de provoquer des dissensions sanglantes, et de préparer des vengeances futures.

A ces angoisses des esprits s'en joignaient d'autres d'un ordre plus intime et plus personnel. Napoléon à Paris, c'était de nouveau les armées de l'Europe à nos portes; nulle illusion n'était possible sur ce point. Justement, les diplomates réunis à Vienne en congrès, dans le but de rechercher les conditions territoriales les plus propres à assurer

3

la paix du monde, ne s'étaient pas encore séparés. Sans doute, en apprenant les projets audacieux de l'ennemi de cette paix, ils prendraient, au nom de leurs gouvernements respectifs, la résolution de le combattre sans merci. Celui-ci voudrait résister. On assisterait alors à une guerre plus redoutable que les guerres passées et les jeunes hommes seraient contraints de partir pour aller défendre la cause de l'empereur, qui avait cessé d'être la cause de la France. Bien des pères, cependant, avaient payé jusqu'à neuf mille francs le droit de soustraire leurs fils au service militaire, devenu en ces tristes temps le chemin de la mort. De si lourds sacrifices ne seraient-ils pas perdus si la main de Bonaparte s'abattait, en quête d'armées nouvelles, sur la France épuisée d'hommes et d'argent?

Chaque matin, au réveil, on apprenait quelque épisode nouveau du voyage de l'empereur. Il traversait la France au milieu d'une longue ovation. Des foules bruyantes venaient à sa rencontre. Les armes tombaient des mains des soldats envoyés pour arrêter sa marche et qui grossissaient, d'heure en heure, les rangs de son armée victorieuse. Le 10 mars, dans la soirée, il entra dans Lyon, par le faubourg de la Guillotière, aux acclamations de la populace et de l'armée. La veille, le comte d'Artois et le maréchal Macdonald avaient quitté cette ville, après avoir vainement tenté de retenir la garnison au service de la cause royale. Il devenait clair maintenant que l'usurpateur arriverait sans obstacle jusqu'à Paris. Les royalistes étaient consternés.

Mais, bientôt, une nouvelle grave circula dans la ville et leur rendit quelque espérance. Le 10 mars, le duc d'Angoulême avait quitté Bordeaux, en chargeant la princesse sa femme d'encourager par sa présence la résistance de cette grande cité. Il se dirigeait, en toute hâte, vers le Languedoc et la Provence, afin de se mettre à la tête des royalistes de ces contrées. Une ordonnance royale l'appelait au commandement des 7e, 8e, 9e, 10e et 11e divisions militaires. C'est dans la matinée du 14 mars qu'on annonça son arrivée à Nîmes pour ce jour-là. Ce fut comme une traînée de poudre. Vers dix heures, sur les boulevards, dans le faubourg populeux appelé « la Bourgade », tout peuplé d'ouvriers royalistes, quelques drapeaux blancs se montrèrent aux croisées. A deux heures, presque toutes les maisons en étaient pavoisées, et une foule immense se portait vers la route de Montpellier, par laquelle le prince devait faire son entrée.

En ce moment, les bonapartistes commencèrent à concevoir des craintes. Vainement, leurs chefs se plaisaient à leur dire que cette manifestation solennelle serait sans échos au dehors; qu'avant qu'elle eût pu porter ses fruits, Bonaparte serait maître de la France entière; ils étaient loin d'être rassurés. Que Marseille, Toulon, Beaucaire, Avignon imitassent l'exemple de Nîmes; que Bordeaux, Toulouse, Montauban, Béziers se soulevassent aussi, et le Midi, des Alpes aux Pyrénées, deviendrait une autre Vendée, la forteresse de la royauté.

Dominés par cette crainte, les partisans de l'empire n'osèrent guère se montrer ce jour-là. Ceux que l'on rencontrait dans les rues étaient soumis et modestes, comme s'ils eussent eu à cœur de faire oublier, en partageant la joie des royalistes, les sentiments qu'ils avaient imprudemment manifestés.

Cependant, une escouade de jeunes gens s'avançait à cheval sur la route de Montpellier. Ils avaient résolu de se porter jusqu'à la commune de Saint-Césaire, afin de former autour du prince une escorte d'honneur à son entrée dans Nîmes. Ils arrivèrent à ce petit village, presque en même temps que le duc d'Angoulême qu'ils aperçurent bientôt dans sa chaise de poste. Elle marchait assez lentement au milieu du 13e régiment de ligne, auquel il avait, en passant à Montpellier, donné l'ordre de le suivre. Le prince portait la petite tenue des lieutenants-généraux. Un de ses officiers, le duc de Guiche, était assis à côté de lui. Les autres membres de la maison militaire, le baron de Damas, le comte de Lévis, suivaient dans une seconde voiture.

Lorsqu'ils ne furent plus qu'à quelques pas du cortège, les cavaliers venus de Nîmes s'arrêtèrent et, afin de signaler au prince leur présence et de lui adresser leur salut, ils poussèrent un chaleureux cri : « Vive le roi! Vive le duc d'Angoulême! » Ils avaient espéré que les officiers et les soldats du

13e de ligne, qui accompagnaient le neveu du roi, répondraient à leurs acclamations. Mais, à leur grande surprise, ceux-ci demeurèrent silencieux, et on put voir sur leurs visages des traces non équivoques de mécontentement et de mauvaise humeur. On sut bientôt par un aide de camp que ce régiment dont le prince avait cru pouvoir se faire accompagner était animé de sentiments hostiles à la cause royale et appartenait déjà à Bonaparte.

L'impression douloureuse causée par cette révélation fut rapidement effacée, car, passant sa tête à la portière de son carrosse, le duc d'Angoulême remerciait ses partisans d'un sourire et d'un geste. Presque aussitôt, il donna un ordre. La voiture s'arrêta; les troupes firent halte pour se reposer avant d'entrer dans Nîmes, et il mit pied à terre. Les cavaliers nîmois l'imitèrent et se réunirent en groupe autour de lui, afin de lui souhaiter la bienvenue.

« J'ai voulu venir dans une cité fidèle, afin de l'exciter à la défense du trône menacé par un usurpateur, dit-il; votre présence ici, messieurs, me prouve que je ne me suis pas trompé et que le concours des braves Nîmois m'est assuré. Le roi vous remercie par ma bouche[1]. »

Sa voix fut couverte d'acclamations nouvelles, auxquelles la troupe ne continua à répondre que

1. Ces détails sont empruntés à des souvenirs contemporains.

par le silence. Alors, le prince posa quelques questions sur les dispositions de la population et partit satisfait des renseignements qui lui furent donnés.

L'heure était venue de se mettre en route. Il s'adressa au duc de Guiche et demanda son cheval. L'ordre transmis par M. de Lévis resta sans résultat, et, au bout de dix minutes, un officier vint annoncer que les chevaux du prince, confiés aux piqueurs de sa maison, soit qu'ils fussent restés en arrière, soit qu'ils eussent pris un autre chemin, n'étaient pas à la suite du régiment. Il se montra très contrarié de ce contretemps et s'en plaignit vivement. Il tenait à entrer dans Nîmes en soldat. Un jeune homme s'approcha alors, tenant son cheval par la bride, et dit :

« Si son Altesse Royale daigne me faire l'honneur d'accepter mon cheval, mes camarades seront heureux d'offrir les leurs à ses officiers.

— J'accepte, monsieur, répondit gracieusement le prince, et je vous remercie. »

Quelques instants après, au son des cloches, aux acclamations d'une foule enthousiaste, le prince entrait dans Nîmes et alla loger à l'hôtel de la préfecture.

Le lendemain, un conseil de guerre fut tenu sous sa présidence, auquel prirent part tous les généraux de la division et les officiers supérieurs qui l'accompagnaient. Puis, ayant donné des ordres pour l'exécution des mesures qui venaient d'être arrêtées, il partit pour Marseille. Il voulait se rendre compte par lui-même de l'état d'esprit des populations du Midi. Après son départ, les murs de Nîmes furent couverts de proclamations par lesquelles il était fait appel au dévoûment des royalistes. On les invitait à former des corps de volontaires pour défendre la couronne menacée. Dans l'une de ces proclamations, on lisait les passages suivants : « Des orages locaux, excités par de petites passions, ont peut-être obscurci, pour quelques-uns d'entre vous, la sérénité de l'horizon d'où la Restauration avait d'abord chassé tous les nuages; l'abus qui a pu être fait du zèle même de la multitude a pu vous inspirer des alarmes; mais, ces efforts de la malveillance, ces erreurs d'un peuple égaré n'ont pu décourager le vrai patriotisme et ne sauraient, sans la plus grave injustice, altérer la confiance de personne dans les promesses du roi. S'est-il un seul moment laissé égarer parmi les nombreux écueils dont sa route était semée? Est-il un seul acte de sa puissance qui justifie les écarts d'un faux zèle? Et tout ce qui est émané de sa volonté ne porte-t-il pas l'empreinte de la plus profonde sagesse, d'une bonne foi vraiment royale, et d'un dévoûment absolu au bonheur de ses peuples? »

Après avoir ainsi plaidé la cause du gouvernement de la Restauration, la proclamation ajoutait : « Habitants du Gard, les intérêts et les dangers du roi et de l'État sont inséparables : voler au secours du monarque, c'est voler au secours de la patrie.

Vous êtes tous les descendants de ceux qui, dans cette contrée, contribuèrent si puissamment, par leur dévoûment et par leur courage, à placer le grand Henri sur le trône; vous n'avez point dégénéré; tous, vous offrirez vos bras à son digne petit-fils; tous, vous aspirerez à la gloire de concourir à l'affermissement de la couronne sur sa tête auguste. »

Une autre proclamation disait : « Habitants du Midi, levez-vous pour défendre votre roi, pour défendre cette charte constitutionnelle, gage de votre fidélité. Ne vous bornez pas à des vœux stériles. Venez vous ranger sous votre antique bannière; elle est le signal et le gage de l'honneur et de la loyauté. Venez, c'est à vous qu'il appartient d'affermir pour jamais un trône auquel est attaché le bonheur de la France et le repos de l'Europe. »

Le même jour, cinq cents citoyens répondirent à cet appel. Les jours suivants, ce nombre fut doublé. Il s'accrut encore des hommes qui venaient de Montpellier, de Mende, de Cette, de tous les points par lesquels le prince avait passé. Beaucoup d'officiers retraités, chevaliers de Saint-Louis pour la plupart, vinrent se joindre à eux. Mais, comme les cadres des compagnies arrivaient tout formés, on mit ces officiers à la suite des bataillons. L'enthousiasme était indescriptible. A la mairie, où s'inscrivaient les volontaires, les employés ne pouvaient suffire à la tâche. Les mères y conduisaient leurs fils. Comme il avait été décidé que l'on n'incorporerait point les hommes ayant femme et enfants, il y en eut plusieurs qui déclarèrent qu'ils n'étaient pas mariés. Lorsque, le 23 mars, le prince revint de Marseille où se produisait un résultat analogue, on put lui montrer deux mille noms sur les listes dressées en son absence.

Malheureusement, la qualité de ces troupes improvisées laissait beaucoup à désirer. A côté de braves gens à qui l'ardeur de leur royalisme communiquait un courage égal à la sincérité de leurs convictions, se trouvaient des êtres grossiers, uniquement attirés par la solde, par l'espérance du pillage, par les chances de l'imprévu. C'est de leurs rangs que devaient sortir, quelques mois plus tard, les scélérats qui ensanglantèrent la ville et déshonorèrent leur parti. Le général Merle, que le duc d'Angoulême avait trouvé à Nîmes inspecteur général de la gendarmerie et chargé de l'organisation du 2e corps de son armée, nous a laissé, dans une lettre en date du 22 novembre 1815, un piquant tableau des embarras que lui causa ce rapide recrutement. « Des procureurs me demandaient des places de colonels, a-t-il écrit; celles de chefs de bataillon étaient au-dessous de leur mérite ou de leur dévoûment intéressé. Tout individu qui avait moyen d'avoir une paire de souliers à ses pieds ne voulait servir que comme officier[1]. » Quoi qu'il en soit, le 24 mars, les bataillons

1. Extrait d'une brochure que le général Merle écrivait en 1816 pour expliquer sa conduite pendant les Cent-Jours.

étaient formés et furent dirigés sur le Pont-Saint-Esprit, où devaient se centraliser les forces du 2e corps.

Un grave événement précéda leur départ. Le séjour dans la ville des volontaires royaux, la multiplicité des allées et venues, l'attitude évidemment hostile des troupes de la garnison, tout le mouvement d'une expédition militaire destinée à défendre les Bourbons au moment où le reste de la France semblait les abandonner, avaient accru singulièrement les passions des deux partis en présence, dont l'un ne subissait pas mieux les retards imposés à une victoire dont il se croyait assuré que l'autre ne supportait les menaces qui lui prédisaient une prochaine défaite. Une conflagration semblait imminente. Elle n'eut pas lieu cependant. Mais, au moment où les troupes royales allaient quitter la ville, un jeune volontaire, nommé Lajutte, étudiant de la Faculté de médecine de Montpellier, fut assassiné en plein jour, à la porte d'un café. Il reçut un coup de couteau qui le tua. Les royalistes accusèrent les bonapartistes de ce crime. Ceux-ci essayèrent de prouver que la victime avait été frappée avec une baïonnette. On arrêta plusieurs individus; on les mit en jugement; mais leur culpabilité ne put être établie, et ils furent acquittés. Les royalistes n'en conservèrent pas moins le souvenir de ce méfait, qui tint ultérieurement sa place dans les causes à l'aide desquelles ils essayèrent de justifier leurs représailles.

II

Le prince avait divisé en trois corps les troupes sur lesquelles il comptait pour se mettre à la poursuite de Bonaparte, soulever les royalistes derrière lui et en former ainsi une armée avec laquelle il lui tiendrait tête jusqu'au moment où il pourrait aller le relancer sous Paris, où, de son côté, le duc de Bourbon amènerait les volontaires vendéens. Le premier corps, sous les ordres du général Ernouf, s'organisait à Sisteron et avait pour objectif Gap, Grenoble et Valence. C'est dans cette ville qu'il devait rejoindre le prince; le second, dont le commandement était confié au général Merle, composé du 10e de ligne, colonel d'Ambrujeac, du 1er royal étranger, de 250 cavaliers du 14e chasseurs, de 80 canonniers du 3e d'artillerie et de 3 000 volontaires, devait marcher sur Lyon, en suivant les bords du Rhône. Quant au troisième, destiné, sous les ordres du général Compans, à tenir l'Auvergne, la défection des troupes appelées à en faire partie empêcha de le former. Il n'y a pas lieu d'en parler autrement, car, dès le 5 avril, le général Compans était à Paris et remettait au ministre de la guerre les ordres qui lui avaient été donnés le 25 mars par le duc d'Angoulême[1]. Il convient d'ajouter qu'au moment de quitter Nîmes le prince n'osa s'adjoindre le 63e de ligne qui y tenait garnison, et dont les sentiments étaient aussi hostiles que ceux du 13e, à la cause royale. Il exigea et obtint non sans peine que celui-ci, qui voulait se rendre à Lyon, retournât à Montpellier, et il laissa l'autre à Nîmes, très inquiet de ses dispositions, qui n'attendaient, pour se manifester, que le résultat de l'expédition qui venait d'être entreprise.

Le 27 mars, toutes les troupes du 2e corps, au nombre de cinq mille hommes environ, étaient réunies au Pont-Saint-Esprit, et le général Merle se préparait à se mettre à leur tête, quand un ordre du duc d'Angoulême lui enjoignit de rester dans la citadelle de cette petite ville, afin de la défendre au besoin et de protéger en même temps les derrières des forces royales. Le général Merle, blessé par cette décision, se résigna cependant, et c'est le prince lui-même qui prit le commandement de sa petite armée, dans laquelle se manifestaient déjà des symptômes inquiétants de désertion et de

1. Archives du dépôt de la guerre.

découragement qui heureusement ne persistèrent pas, et disparurent quand elle fut en marche. En revanche, les deux bataillons restés au Pont-Saint-Esprit ne tardèrent pas à faire preuve du plus mauvais esprit; c'est même leur insubordination qui, quelques jours plus tard, mit le général Merle hors d'état de résister au général Gilly qui vint l'assiéger, ainsi qu'on le verra bientôt.

Avant que les troupes se missent en mouvement, on leur donna lecture d'une proclamation du prince, qui leur faisait connaître l'entrée de Bonaparte dans Paris et leur traçait avec éloquence ce qu'on attendait de leur courage. Cette proclamation fut saluée de mille cris, expression de l'espérance qui était dans tous les cœurs. Puis, les derniers ordres furent donnés avec le signal du départ.

L'armée royale passa le Rhône, sur le beau pont de la ville, pour gagner Montélimar, en longeant la rive gauche du fleuve. Cinq cents hommes sous les ordres du colonel Magnier étaient chargés de le remonter le long de la rive droite, afin de contenir, s'il y avait lieu, les populations de l'Ardèche, soulevées déjà par le général Laffitte, lequel, à la tête d'une poignée d'hommes, obligea bientôt l'officier qui commandait pour le roi dans ce département à se réfugier dans la Haute-Loire[1].

L'avant-garde était commandée par le colonel vicomte des Cars, appartenant à la maison mili-

1. Archives du dépôt de la guerre.

taire du duc d'Angoulême. Cette avant-garde, composée d'environ quinze cents hommes, entra sans coup férir dans Montélimar le 30 mars et s'établit fortement en avant de la ville, dont la population, sans témoigner d'enthousiasme, se montra convenable et respectueuse pour les défenseurs de la cause royale.

La journée et la soirée furent tranquilles. Mais, vers le milieu de la nuit, un paysan se présenta aux avant-postes exprimant le désir de parler au commandant. M. des Cars n'était pas couché, et, avec l'aide du marquis de Montcalm et du commandant d'Hautpoul, il arrêtait ses dispositions pour se remettre en marche dès le matin. Il reçut sur-le-champ ce paysan qui arrivait de Valence et apportait des nouvelles de l'ennemi. On sut par lui que le général Debelle qui commandait les forces impériales, n'avait à sa disposition qu'une poignée d'hommes, des vétérans, des gendarmes, quelques gardes nationaux, des détachements du 30e de ligne et du 4e hussards et deux pièces de canon, mais que néanmoins il s'avançait en reconnaissance contre l'armée royale. Il passait la nuit à trois lieues de là. Le colonel donna des ordres pour la défense. On resta sur le qui-vive. Mais, le matin, à sept heures, on n'avait encore vu aucun uniforme.

Impatienté de son inutile attente, le colonel des Cars envoya M. de Montcalm en éclaireur sur la route de Valence. Ce dernier revint bientôt. Il avait rencontré l'ennemi, quelques centaines d'hommes, en marche vers Montélimar. Le colonel parcourut les rangs, encourageant le zèle de ses soldats, échauffant leur bravoure, mais, malgré son apparente confiance dans leur fidélité, très inquiet des dispositions qu'ils manifestaient à l'aspect de leurs frères d'armes déjà ralliés à Bonaparte. Il fit dire aux volontaires, par leurs officiers, qu'il comptait sur eux pour entraîner, dès le but de l'action, le reste des troupes. A neuf heures, ce fut non pas le général Debelle qui se présenta, mais un officier d'état-major qui venait en parlementaire. Il apportait une lettre de son chef au colonel des Cars, lettre par laquelle ce dernier était sommé de faire sa soumission à l'empereur afin d'éviter la guerre civile et de s'épargner une responsabilité redoutable. A cette lettre, le parlementaire ajouta que l'empereur était à Paris et le roi en fuite.

Le colonel l'interrompit.

« Je connais ces événements, monsieur, dit-il. Ils ne changent rien à nos devoirs envers le roi, notre seul souverain légitime. Il m'a donné l'ordre de résister à l'usurpation et je résisterai. Mes fidèles soldats partagent ces sentiments, et derrière nous, prêt à nous soutenir, Mgr le duc d'Angoulême s'avance avec une armée dévouée. Hâtez-vous donc de vous éloigner, monsieur, et dites à celui qui vous envoie que la responsabilité de la guerre civile retombera sur ceux qui l'ont provoquée. »

Le parlementaire, sans en entendre davantage, piqua des deux et disparut. Une demi-heure après, une colonne s'avança, dirigeant contre la troupe de M. des Cars un feu de tirailleurs qui ne lui fit aucun mal et auquel les volontaires royaux et les soldats du Royal-étranger ripostèrent assez vigoureusement pour arrêter l'ennemi à environ deux cents mètres de leurs positions. Profitant de ce premier résultat, le colonel lança ses fantassins, baïonnette en avant, sur les troupes impériales, d'ailleurs inférieures en nombre, en les appuyant de quelques boulets qui mirent en fuite les gardes nationaux de la Drôme et de l'Isère, dont le général Debelle s'était fait accompagner. Vainement, ce dernier voulut les contenir, les rallier, les ramener. Il fut lui-même entraîné dans leur déroute.

Le vicomte des Cars ordonna alors aux volontaires à cheval de poursuivre l'ennemi en leur promettant de les faire soutenir par l'escadron du 14e chasseurs, resté en arrière. Les volontaires partirent sous les ordres de M. de Montcalm, sans attendre. Mais, quand ils eurent fait une demi-lieue, ramassant en route de nombreux prisonniers, ils s'aperçurent qu'ils n'étaient pas suivis, et qu'ils s'exposaient aux plus grands périls, si l'ennemi qui fuyait devant eux s'apercevait de leur petit nombre et reprenait l'offensive.

M. de Montcalm fit sonner la retraite, en manifestant sa colère contre la cavalerie, dont l'absence ne lui permettait pas de profiter complètement de son succès. En rentrant au camp, il connut la cause de cette absence. Pendant le gros de l'action, les chasseurs, abandonnant le poste qui leur était confié, avaient pris la fuite, traversé au galop Montélimar, en disant à qui voulait les entendre qu'ils allaient rejoindre l'empereur.

Cette défection n'était malheureusement pour la cause du roi qu'un nouvel exemple de ce qui se passait depuis vingt jours sur toute la surface de la France. Toutefois, comme on était vainqueur, sans avoir payé trop cher la victoire, ce fâcheux événement fut vite oublié. Il obligea cependant le vicomte des Cars à suspendre sa marche en avant et à attendre le duc d'Angoulême. Ce dernier arriva le lendemain, suivi de la masse de sa petite armée, et, trait remarquable, escorté de vingt-cinq cavaliers appartenant à cet escadron du 14e chasseurs qui avait trahi. Loin d'imiter leurs camarades, ces vingt-cinq cavaliers restèrent fidèles jusqu'à la fin de l'expédition.

Le prince fut accueilli avec enthousiasme. Le succès de la veille avait électrisé tous les cœurs. Il harangua l'avant-garde, en la louant de son intrépidité. Il distribua plusieurs décorations et nomma le colonel des Cars maréchal de camp.

Le 2 avril, l'armée royale se remit en route pour Valence. Dans les communes qu'elle traversait, elle apprit que le général Debelle se retirait avec l'espoir de l'arrêter sur la Drôme, entre Loriol et Livron, au pont sur lequel on franchissait alors cette rivière. A Loriol, à un kilomètre environ de la Drôme, on trouva une population sympathique.

Aussitôt après avoir perdu de vue les impériaux, les paysans s'étaient hâtés de mettre à leurs croisées des drapeaux blancs, faits à l'aide de serviettes et de draps, et à leurs chapeaux des cocardes blanches en papier. Des tonneaux de vin attendaient les soldats sur la route. Pendant une halte, le prince s'avança jusqu'au pont de la Drôme, qu'il trouva gardé par un bataillon du 39e de ligne, quelques centaines de gardes nationaux et deux pièces de canon. Le colonel d'artillerie Noël avait le commandement immédiat de ces troupes, auxquelles le général Debelle appuyé contre une colline qui domine la rivière en cet endroit, devait assurer une efficace protection.

Le prince résolut d'enlever le pont de vive force. Par ses ordres, trois cents hommes, sous les ordres du colonel Montferré, allèrent passer la rivière à un gué qu'on lui avait désigné à deux kilomètres en deçà de ce pont, et le 10e de ligne, appuyé par les volontaires et l'artillerie, fut chargé d'attaquer, à l'heure où l'on supposerait que le colonel Montferré avait exécuté ses instructions et franchi la rivière, afin de tomber à revers sur les troupes qui la défendaient. A partir de ce moment, les voltigeurs et les grenadiers du 10e commencèrent à prendre position. Les voltigeurs s'avancèrent même en tirailleurs sur le pont, dont les impériaux gardaient l'extrémité. Ils s'abritaient derrière les arbres qui le longeaient sur une double rangée. Un incident engagea le combat plus tôt qu'on aurait voulu. Une escouade du 39e parvint à se saisir du capitaine de l'une des compagnies de voltigeurs, qui s'était jeté en avant pour ralentir l'ardeur imprudente de ses soldats, et, l'ayant fait prisonnier, elle adressa la parole à ceux-ci, en leur disant :

« Camarades, venez à nous, ralliez-vous à l'empereur! »

A ces mots, le capitaine — il se nommait Isnard — comprit le péril qui menaçait l'armée royale. Quoique prisonnier et menacé par ceux qui l'entouraient, brave comme d'Auvergne, il cria d'une voix formidable :

« Voltigeurs, vengeons-nous de ces traîtres! »

Ce cri fut entendu par le général des Cars, qui, voyant l'affaire engagée ainsi, n'hésita pas à lancer toutes ses troupes sur le pont. Les impériaux avaient compté sur la défection des royalistes, et non sur cette attaque imprévue. Elle les surprit. En une demi-heure, le pont fut balayé, le capitaine Isnard délivré, le colonel Noël blessé, fait prisonsonnier, et l'armée ennemie en pleine déroute après avoir perdu beaucoup de monde. Les rangs des royaux furent aussi très cruellement décimés. Au milieu du combat, il fallut arrêter plusieurs artilleurs et les remplacer par des volontaires. On s'était aperçu qu'ils tiraient en l'air afin de ne pas atteindre leurs camarades ralliés à l'empereur. Le duc d'Angoulême se conduisit avec la plus brillante bravoure. Il était à la tête de ses soldats quand ils poursuivirent les fuyards.

Le même jour, dans la soirée, le général Debelle, ayant rallié les débris de ses troupes, se porta sur Romans. Il y prit position et se prépara à couper le pont de l'Isère, afin d'enlever tout passage à l'armée royale. Mais les représentations de la municipalité de cette ville ébranlèrent sa résolution. Il était sans nouvelles de Paris, plein d'appréhensions et d'anxiétés. Il se replia sur Saint-Marcellin, dont la population se montra disposée à le seconder. Il demanda des secours à Grenoble et à Lyon, et en peu de jours reçut deux mille hommes, des armes et des munitions. Il put alors revenir sur Romans et Valence où il arriva le 7 avril[1]. Le duc d'Angoulême était entré le 3 dans cette ville, dont les habitants se montraient en majorité hostiles à sa cause. Il y attendait le premier corps de son armée, qui s'était organisé dans le Dauphiné, sous les ordres du général Ernouf, et dont il ignorait encore la défection. Convaincu que nul obstacle n'arrêterait sa marche sur Lyon, il nourrissait un espoir que tout le monde partageait autour de lui. Mais, le 5 au matin, arrivèrent coup sur coup de tous côtés les plus graves nouvelles. Propagées rapidement, elles jetèrent le découragement dans le camp royaliste. Les événements dont elles traçaient le tableau étaient lamentables.

D'abord, le deuxième corps dont nous venons de parler et qui devait, en traversant le Dauphiné,

1. Archives du dépôt de la guerre.

rejoindre l'armée royale à Valence, n'existait plus. Les régiments réguliers qui en faisaient partie s'étaient ralliés à la cause impériale. Deux d'entre eux marchaient contre le duc d'Angoulême, tandis que les volontaires de Provence, se voyant abandonnés, s'étaient dispersés. A Lyon, le général Grouchy, envoyé par l'empereur pour s'opposer à la marche des royaux, avait organisé les gardes nationales. Les appuyant de troupes régulières, il s'avançait sur Valence, avec neuf mille hommes, pour secourir le général Debelle. A Toulouse, le gouvernement créé par M. de Vitrolles, au nom du roi, était renversé. A Bordeaux, la duchesse d'Angoulême n'avait pu, malgré son héroïsme, empêcher l'entrée du général Clauzel dans la ville et s'était embarquée pour l'Espagne.

A Nîmes enfin, les partisans de l'empereur s'étaient prononcés pour lui, peu de jours après le départ du duc d'Angoulême. C'est le 67e de ligne, commandé par le colonel Taulet, qui avait donné l'exemple de la défection. Ayant fermé l'oreille aux exhortations et aux séductions du prince, cet officier s'était entendu avec les chefs de la garde urbaine et les militaires à la demi-solde restés à Nîmes, afin de transformer en une manifestation bonapartiste celle que le général de Briche, commandant la subdivision, préparait au nom du roi. Ce général avait convoqué, sur la promenade du Cours-Neuf, pour le 3 avril, tout l'état-major de la garnison, afin de lui faire prêter serment de fidélité aux

Bourbons; mais, après qu'il l'eut harangué, cet état-major mit l'épée à la main, en criant : Vive l'empereur! Il courut ensuite à la caserne en poussant le même cri. Tous les soldats y répondirent par des acclamations enthousiastes. Les cocardes tricolores furent tirées des sacs, les aigles arborées. La garde urbaine imita cet exemple. Le drapeau blanc fut foulé aux pieds, la préfecture envahie. Le préfet, insulté, ne dut son salut qu'à un de ses employés qui le conduisit chez lui où il le cacha d'abord et le fit ensuite évader. Le comte de Bruges, agent du duc d'Angoulême, eut le temps de s'échapper; mais on arrêta les généraux de Briche et Pélissier, qui avaient tenté d'obtenir la soumission des troupes. On les dirigea sur Montpellier où ils furent détenus jusqu'au 9 avril. Ce mouvement insurrectionnel, qui fit courir à Nîmes les plus grands dangers, se communiqua aux villes et aux campagnes voisines. On estime à vingt-cinq mille hommes le nombre de ceux qui s'avançaient pour prêter main-forte aux insurgés. On se hâta d'arrêter leur marche dès que l'on eut constaté l'inutilité de leur secours[1].

En même temps, le général Ambert, qui résidait à Montpellier comme commandant de la 9e division militaire, et sur la fidélité duquel comptait le duc d'Angoulême, se ralliait à l'empereur et offrait au général Gilly le commandement de la subdivision

1. Archives du dépôt de la guerre.

du Gard, à la place du général de Briche, arrêté. Le comte Gilly avait occupé déjà ce poste sous l'empire. La Restauration s'était contentée de l'interner dans ses propriétés, près du Pont-du-Gard. Il accepta les offres du général Ambert, et vint à Nîmes d'où il partit pour le Pont-Saint-Esprit, avec ce qui restait du 10e chasseurs, des 6e, 13e et 67e de ligne, en tout un millier d'hommes, neuf cents gardes nationaux, quinze cents paysans des villages protestants, et le bataillon des officiers à la demi-solde. Le général Merle, dont nous avons raconté la disgrâce, tenait dans la citadelle du Pont-Saint-Esprit, avec une poignée de volontaires découragés comme lui, dont la désertion éclaircissait les rangs tous les jours, et qui menaçaient de l'assassiner s'il refusait de se soumettre au général Gilly[1].

Cet ensemble de faits plaçait l'armée royale dans la situation la plus cruelle. Devant elle, Grouchy lui barrait la route; sur sa droite, les débris défectionnaires du 2e corps la menaçaient; derrière elle, le général Gilly lui coupait la retraite. Décidément, la partie était perdue. Un conseil de guerre, qui se tint à Valence, le 5 avril, sous la présidence du duc d'Angoulême, décida que l'on rétrograderait immédiatement sur Nîmes. Les officiers du prince lui conseillaient de s'éloigner secrètement, afin de gagner le Piémont et de se mettre en sûreté au delà des frontières; mais il refusa d'abandon-

1. Brochure du général Merle, déjà citée.

ner ses soldats et déclara qu'il partagerait leur fortune.

Telle était, dans cette funeste journée, la situation de l'armée royale. Comme pour la rendre plus grave encore, à dater du moment où les nouvelles que nous venons de résumer se répandirent, les soldats du 10e de ligne commencèrent à déserter pour passer à l'empereur. Lorsque, dans la soirée de ce jour, cette armée entreprit son mouvement de retraite, elle ne se composait plus que du régiment Royal-étranger et des volontaires du Languedoc et de Provence. Quel triste retour! Sur cette route où, l'avant-veille, les royalistes passaient victorieux et remplis d'espérance, ils défilaient maintenant, affaissés, lassés, maudits par les populations qui les accusaient, oubliant qu'elles les avaient fêtés et applaudis deux jours plus tôt, de les exposer aux représailles de l'empereur. Le duc d'Angoulême, à cheval, cheminait au milieu de ses soldats, trouvant même, dans sa détresse, des accents qui ranimaient leur courage.

On traversa ainsi Livron, Loriol, Montélimar et Pierrelatte. Le 9 au matin on arrivait à La Palud, où l'on apprit que, la veille, le général Gilly avait occupé la citadelle du Pont-Saint-Esprit, qui le rendait maître des deux rives du Rhône.

C'est alors que le duc d'Angoulême, se refusant à exposer les jours de ses soldats pour forcer cette barrière, se décida à capituler. De nouveau ses officiers l'engagèrent à fuir. Il leur répondit qu'il ne s'éloignerait qu'après avoir mis ses volontaires à l'abri de tout péril. Par ses ordres, le baron de Damas se rendit auprès du général Gilly, afin de négocier la capitulation. La négociation ne fut pas longue, le général Gilly s'estimant trop heureux de se débarrasser du prince sans coup férir. A deux heures, un traité était signé. Il portait que les volontaires seraient licenciés, qu'ils rentreraient dans leurs foyers sous la protection des autorités impériales, et que le prince serait conduit à Cette, où il s'embarquerait. Le général Soult fut même désigné pour l'accompagner.

En apprenant le cruel dénoûment de leur campagne de dix jours, en tombant si brutalement du haut de leurs illusions, les volontaires eurent un accès de fureur et de révolte. Ils brisèrent leurs armes, déchirèrent leurs drapeaux. Pour apaiser leurs colères, il ne fallut rien moins que la parole respectée du duc d'Angoulême. Ce fut lui qui les consola. Il leur dit que la défaite de la cause royale n'était que passagère, que le régime nouveau de Bonaparte ne durerait pas, et qu'avant peu, lui-même reviendrait se mettre à leur tête, non plus pour combattre cette fois, mais pour célébrer ensemble le retour de Louis XVIII.

Ils furent dociles à ses accents, et quand il s'éloigna, leurs acclamations et leurs larmes lui portèrent leurs adieux. Il monta en voiture, suivi de ses officiers, pour se rendre à Cette. Mais la parole du général Gilly, lui promettant la liberté et les respects dus à son caractère et à son nom, ne fut pas tenue. Au moment où il traversait le Pont-Saint-Esprit, on le mit en état d'arrestation, en vertu d'un ordre du général de Grouchy, qui s'avançait, muni d'instructions spéciales de l'empereur.

Le général de Grouchy, chargé de combattre l'insurrection et d'acculer le duc d'Angoulême à la mer, venait de passer par les plus vives angoisses. Pendant trois jours, il s'était cru hors d'état de lui barrer la route, et de Lyon même, il avait adressé un appel désespéré aux anciens militaires, tandis qu'il suppliait le ministre de la guerre de lui envoyer en poste des troupes et des moyens de défense. Maintenant, ses alarmes étaient dissipées. Mais une violente colère y survivait contre le prince dont la marche l'avait si fort inquiété. Puis, il était pressé de conquérir les bonnes grâces de l'empereur; il en voulait aux Bourbons, qui n'avaient pas eu recours à ses services. Sous l'empire de ces sentiments, il n'eut pas la générosité de laisser partir le prince, et bien que, contrairement à ce qui a été dit, il n'eût pas reçu d'ordres, il refusa de ratifier la capitulation.

Le 9 avril, à neuf heures du matin, partait de Lyon une dépêche signée de lui, et conçue en ces termes : « Incertain s'il entre dans la volonté de Sa Majesté de laisser sortir de France le duc d'Angoulême, je ne ratifie pas cette capitulation et me rends en toute hâte au Pont-Saint-Esprit pour suivre le duc et être à même de le faire arrêter, si vous l'ordonnez, ce que je vous prie de me faire savoir télégraphiquement. J'espère que j'arriverai encore à temps pour remplir ce but[1] ».

A la suite de cette dépêche, le prince avait été arrêté. Il demeura incarcéré, lui et ses officiers, pendant six jours, et c'est seulement quand l'empereur eut fait connaître sa volonté qu'il fut conduit à Cette par le général Radet. Il s'y embarqua, le 17 avril, avec une suite de quinze personnes, sur la *Scandinavie*, bâtiment suédois, qui le conduisit à Cadix, d'où il ne tarda pas à se rendre en Catalogne[2].

1. Archives du dépôt de la guerre.

2. En apprenant la nouvelle de la capitulation du duc d'Angoulême, l'empereur avait donné l'ordre de le fusiller. Mais à cet ordre, aussitôt repris que donné, fut substitué celui de maintenir le prince en état d'arrestation. Napoléon semble avoir eu alors la pensée de le garder comme otage. A la réflexion, il changea d'avis une seconde fois, et décida de s'en tenir aux termes de la convention de La Palud. Le duc d'Angoulême fut conduit à Cette par le général Radet, le même qui avait fait jadis escalader le Quirinal pour arrêter Pie VII, et qui, en prévision de l'avenir, se recommanda au neveu du roi avant de se séparer de lui.

III

Tandis qu'aux bords du Rhône se déroulaient ces événements, dans Nîmes, chef-lieu du département du Gard, qui avait fourni à la cause royale le plus grand nombre de ses partisans, ceux de l'empereur, comme on l'a vu, se déclaraient ouvertement. Recrutés surtout parmi les sous-officiers en demi-solde, appuyés par une partie de la garde urbaine et par les populations protestantes de la Gardonnenque[1], ils n'avaient attendu que les premiers succès de Napoléon pour se rallier à lui. Avant même qu'il fût arrivé à Paris, ils proclamaient le gouvernement impérial. Les troupes de la garnison que le duc d'Angoulême, doutant de leur fidélité, n'avait osé s'adjoindre les secondèrent. Elles prirent la cocarde tricolore et les aigles qu'elles avaient conservées dans leurs sacs. Le mouvement

1. On désigne sous ce nom le groupe des communes situées au nord de Nîmes, dans la vallée du Gardon.

se communiqua aux villes et aux campagnes voisines. Plusieurs milliers de paysans menacèrent Nîmes au nom de Bonaparte; on n'arrêta leur marche qu'en les persuadant de l'inutilité de leur concours, la ville ayant fait sa soumission. Un peu plus tard, le général Gilly, ayant obligé le duc d'Angoulême à capituler, rentra dans Nîmes, ne s'occupant plus que de rétablir l'autorité de son ancien maître. La cause des Bourbons fut alors perdue.

Néanmoins, jusqu'à ce jour, tout s'était borné à la manifestation triomphante d'un parti sur un autre. Aucun excès n'avait été commis, si ce n'est l'assassinat du volontaire royal Lajutte, tué, comme nous l'avons raconté, au moment où il allait rejoindre le duc d'Angoulême; mais l'exaltation était trop vive pour qu'on pût en rester là. Les passions des populations méridionales, fortifiées à cette heure par le souvenir des guerres religieuses et le vieil antagonisme des catholiques et des protestants, étaient déchaînées. Elles vinrent en aide aux haines politiques et dictèrent aux vainqueurs des mesures arbitraires que leur persistance transforma en une véritable persécution contre les vaincus, et qui, selon la juste expression de M. de Viel-Castel, laissèrent dans le parti royaliste, « avec tous les éléments d'une insurrection, d'implacables ressentiments ». On épura la garde urbaine; on en fit sortir les royalistes, dont plusieurs furent incorporés de force dans des colonnes mobiles. On en arrêta un grand nombre. D'autres n'échappèrent à ces mauvais traitements qu'en prenant la fuite. Partout, les mouvements royalistes furent impitoyablement réprimés, notamment à Saint-Gilles, où quatre personnes furent tuées et un plus grand nombre blessées. On excita les troupes par des distributions d'argent, par les séductions les plus grossières, et l'on fit appel à tant de détestables instincts qu'il devint bientôt impossible de contenir ces masses frémissantes. La convention de La Palud avait promis aux volontaires royaux, qu'on appelait les miquelets, la protection des autorités impériales pour faciliter leur retour dans leurs foyers. Elle n'empêcha pas qu'ils fussent attaqués, au moment même où ils se croyaient en sûreté. Au Pont-Saint-Esprit, qui se trouvait sur leur chemin, on leur disputa le passage du pont du Rhône. Les uns furent massacrés, les autres précipités dans le fleuve. Quand ceux qui avaient échappé à ce guet-apens se présentèrent aux abords de Nîmes, ils y rencontrèrent des bandes de fédérés qui les dépouillèrent et leur firent subir les plus cruelles avanies.

Ceux qui, pour rentrer chez eux, étaient obligés de traverser la Gardonnenque, y furent victimes d'actes barbares. Les populations, qui, sous le manteau du bonapartisme, cachaient d'anciens préjugés et de vieilles haines, tenaient la campagne et gardaient les villages afin d'en interdire l'approche aux volontaires royaux. Elles s'acharnèrent contre ces malheureux, dont plusieurs trouvèrent la mort dans la commune d'Arpaillargues. Le scapulaire étalé sur leur poitrine, la fleur de lis rouge cousue sur leur uniforme et leur cocarde blanche les firent reconnaître. A l'entrée du village que traversait la route, on les désarma par mesure de précaution, leur dit-on. Ils se laissèrent faire. Mais soit que leur nombre — ils étaient soixante-quatre — eût alarmé les habitants, soit qu'eux-mêmes, par leur attitude et leur langage, les eussent provoqués, on les attaqua. Hors d'état de se défendre, ils se dispersèrent en courant. Les gens d'Arpaillargues s'élancèrent derrière eux à travers champs, armés de fusils et de fourches. « On leur donna la chasse comme à des bêtes fauves », disait plus tard, devant la cour d'assises de Nîmes, le procureur général. Sept d'entre eux périrent. L'intervention de quelques femmes, plus exaltées et plus cruelles que les hommes, vint ajouter à l'horreur de leur supplice. Quatre, renversés par la fusillade, furent mis à nu, percés de coups dans toutes les parties du corps, déchirés au visage avec des ciseaux. Les archives judiciaires nous ont conservé le récit de ces horreurs, dont les auteurs, au nombre de dix-sept, furent poursuivis l'année suivante et condamnés, à l'exception d'un seul, onze à mort, deux aux travaux forcés, trois à cinq ans de prison. Cinq furent exécutés.

A ces terribles provocations vint s'ajouter la compression rigoureuse à laquelle fut soumis ce département royaliste, toujours prêt à se révolter.

Puis ce furent des levées d'hommes. Il y eut alors un grand nombre de déserteurs. Ils allèrent grossir les bandes des volontaires fugitifs qui erraient dans la campagne, se cachaient dans les bois, dans les montagnes, dans les marais et jusqu'aux bords de la mer, entre Agde, petit port sur la Méditerranée, dans l'Hérault, et le hameau des Saintes-Maries, à la pointe de la Camargue. Cette population vécut ainsi pendant deux mois, mal vêtue, mal nourrie, couchant sur la terre nue, rôdant, affamée, aux environs de Nîmes, de Saint-Gilles, d'Aigues-Mortes, se glissant parfois dans Montpellier où les royalistes lui distribuaient quelques secours, s'employant dans les métairies, toujours sur le qui-vive, toujours menacée par les fédérés qui faisaient dans les champs de fréquentes battues. Cette vie misérable allumait dans les cœurs d'ardents désirs de représailles. La plupart des fugitifs, de condition modeste, étaient honnêtes et courageux; celui qui devait s'appeler plus tard le poète Jean Reboul se trouvait parmi eux, et plus d'un lui ressemblait par la noblesse des sentiments. Mais il y avait aussi dans leurs rangs des artisans sans éducation, aux instincts grossiers, aux passions violentes, ce Jacques Dupont dit Trestaillons, simple travailleur de terre, dont ces tristes jours allaient faire un grand criminel, et avec lui ceux qui se préparaient à devenir ses compagnons et ses émules, forcenés animés « de l'esprit de brigandage et de révolte », disait plus tard un des fonctionnaires chargés de les poursuivre, pour qui le royalisme fut un prétexte, le désordre un but, qui devaient attacher au Midi une sinistre renommée et compromettre tout le parti royaliste en disant : « Il nous faut un roi terrible à qui soient inconnus les mots de bonté, de clémence et de pardon. Faisons-nous justice puisqu'on ne nous la fait pas. Servons le roi malgré lui [1] ». C'est pendant les Cent-Jours que toutes ces haines prirent feu. On ne saurait trop le répéter, non certes, pour faciliter une justification impossible, mais pour fournir à l'histoire une explication qu'elle réclame, — explication appuyée sur des documents authentiques et qui s'impose aujourd'hui aux adversaires comme aux amis de la Restauration, avec la puissance de la vérité. Ce qui n'est pas moins vrai d'ailleurs, c'est que vengeances et représailles dépassèrent de beaucoup les persécutions qui les avaient déchaînées. N'est-ce pas un des traits ordinaires de la guerre civile dans tous les pays et à toutes les époques?

On a vu qu'une partie des déserteurs et des volontaires vivaient dispersés aux bords de la mer. Moins malheureux que la plupart de leurs compagnons, ils étaient parvenus à former une agglomération suffisante pour tenir en respect les bandes de fédérés et les détachements de la petite garnison d'Aigues-Mortes, qui battaient la campagne afin d'arrêter les réfractaires. Les uns avaient trouvé

1. Archives nationales.

un abri dans les cabanes des pêcheurs. Les autres campaient à la belle étoile, et comme on était au printemps, ils supportaient sans trop de peine les intempéries de l'air. L'espérance d'un avenir meilleur que le présent rendait leurs maux légers. La nuit, des barques venues d'Espagne amenaient sur la plage des émissaires mystérieux qui leur apportaient, avec quelques secours, les instructions du duc d'Angoulême réfugié à Barcelone et leur annonçaient la chute prochaine du régime impérial[1]. De Cadix, le prince s'était fait conduire en Catalogne, où l'avaient suivi plusieurs des partisans de Louis XVIII et où il attendait la défaite suprême

1. Nous devons ces curieux détails à un ancien volontaire royal, encore vivant aujourd'hui, M. C....., de Fontvieille (Bouches-du-Rhône). C'est également de lui que nous tenons le texte de la romance suivante, que les miquelets chantaient en chœur, chaque matin, sur l'air de *Richard*, après avoir fait la prière en commun :

Loin de la belle France
Un roi puissant languit ;
Son serviteur gémit
De sa cruelle absence !
Si d'Angoulême était ici,
Mon cœur n'aurait plus de souci !
O France, ô ma patrie,
Que devient ton honneur,
Quand on te sacrifie
Au Corse usurpateur !

Pour une cause impie,
On veut armer nos bras,
Préférons le trépas
A cette ignominie.
— Louis, tu veux notre foi !
Crions toujours : « Vive le roi ! »
Dans ces moments de crise,
Quel que soit notre sort,
Voici notre devise :
« Les Bourbons ou la mort ! »

de l'empereur, qu'il était dès ce moment facile de prévoir. Il avait conservé, par l'ordre du roi, le commandement des départements du Midi. Dès la fin de la première quinzaine de juin, il jugea les événements assez avancés pour charger des commissaires de se rendre en France et de se tenir prêts à toute éventualité. Ces commissaires étaient, pour l'Hérault, le marquis de Montcalm; pour la Lozère et le Gard, le comte de Bernis et le marquis de Calvières. Originaires des contrées dans lesquelles on les envoyait, ces gentilshommes y étaient connus et estimés. Le comte Charles de Vogüé leur fut adjoint comme inspecteur des gardes nationales. Ils débarquèrent près d'Aigues-Mortes, dans la nuit du 15 au 16 juin, malgré les douaniers qui leur tirèrent en vain quelques coups de fusil[1]. Puis, M. de Bernis se dirigea sur Nîmes, suivi de M. de Calvières, tandis que M. de Montcalm se rendait dans l'Hérault.

Ils se trouvaient donc au cœur des populations quand arriva la nouvelle de la bataille de Waterloo. C'était le 25 juin. Le même jour, le marquis de Calvières, revenant sur ses pas, entra dans Aigues-Mortes, à la tête d'une poignée d'hommes, désarma la garnison de cette petite place, en faisant les officiers prisonniers. Il fut bientôt rejoint par un chef de volontaires, le capitaine Achard, ayant

1. D'autres commissaires royaux débarquaient au même moment sur divers points des côtes françaises : le marquis de Rivière, à Marseille; le duc d'Aumont, près de Bayeux, etc.

sous ses ordres une cinquantaine de pêcheurs armés par ses soins, et assura par ce coup de main au duc d'Angoulême un solide point de débarquement. En même temps, l'Hérault se soulevait à la voix du marquis de Montcalm. Le 27 juin, le général Gilly, commandant la division dont Montpellier était le siège, avait fait afficher la proclamation suivante : « Napoléon a abdiqué. Pour donner la paix à la France, des commissaires se sont rendus près des puissances alliées. Si elles ont été franches dans leurs déclarations, la paix sera rendue au monde; si leur dessein a été de nous tromper en déclarant qu'ils n'en voulaient qu'au chef du gouvernement, qu'ils sachent que la France peut être envahie, jamais subjuguée ». Ce langage, au lieu d'apaiser les esprits, les excita, et la journée du lendemain fut troublée par une sanglante collision entre les royalistes et les fédérés. Les volontaires s'étant portés sur la ville où déjà flottait le drapeau blanc, y tuèrent un mulâtre, capitaine de la garde nationale, qui s'était fait remarquer depuis deux mois par son ardeur à les poursuivre. Ils attaquèrent ensuite la citadelle dans laquelle le général Gilly s'était enfermé avec la garnison. Ils furent repoussés après un combat meurtrier qui coûta la vie à cent dix personnes [1], et quittèrent la ville dont les habitants n'en continuèrent pas moins à fêter, par des chants et des danses, le retour des Bourbons.

1. Rapport du marquis de Montcalm. (Archives du dépôt de la guerre.)

Pendant ces réjouissances, le préfet s'entendit insulter par une foule furieuse à laquelle il n'échappa qu'à grand'peine. Ici, deux versions également vraisemblables sont en présence. Selon l'une, les royalistes se seraient portés à des excès, auraient pillé le café militaire, arrêté un valet de ville, saisi les dépêches dont il était nanti, blessé à coups de pierres trois officiers, dont l'un, chef de bataillon du 13e de ligne, mortellement, et c'est pour réprimer ces tentatives que le général Gilly aurait fait sortir de la citadelle plusieurs patrouilles. Selon l'autre, le calme n'avait pas été troublé et la conduite du général Gilly n'eut pour cause que l'irritation dans laquelle le jetèrent les manifestations de la joie publique. Quoi qu'il en soit, l'une des patrouilles tira sur un groupe de danseurs. Deux femmes furent tuées; trois blessées. Quatre jours après, nouveau conflit. Un vieillard attiré à sa croisée par les cris de « Vive le roi! » que poussaient les volontaires, fut tué d'une balle, entre ses deux filles. Enfin, les royalistes restèrent victorieux. Le général Gilly avait prévu ce dénoûment et, laissant une poignée d'hommes dans la citadelle, était rentré dans Nîmes, où il se sentait plus fort qu'à Montpellier. « Tout autour de moi est en pleine insurrection », écrivait-il au ministre de la guerre.

Le 30 juin, à Mende, chef-lieu de la Lozère, le peuple se souleva, attaqua la préfecture sous les ordres d'un ancien émigré, arrêta les autorités, et se fit livrer les armes enfermées dans les casernes, qui furent distribuées à trois mille paysans. En moins de vingt-quatre heures, le département se soumit à Louis XVIII, sans que le sang eût coulé. A Agde, on eut à regretter des actes de dévastation dont on essaya plus tard d'atténuer le caractère coupable, en imprimant cette phrase : « Le peuple, en pillant, a associé son souverain à son ressentiment ». La petite garnison de cette place fut désarmée et prit la fuite pour échapper aux mauvais traitements; puis les insurgés marchèrent sur l'Aveyron d'un côté, sur Pézenas et Béziers de l'autre, et firent arborer le drapeau blanc. Au Vigan, la nouvelle de Waterloo fut apportée, le 28 juin, par des déserteurs qui entrèrent dans la ville aux cris de « Vive le roi! ». Le sous-préfet fut arrêté et conduit à Montpellier où il subit une longue détention. C'est dans le récit qu'il nous a laissé de son infortune qu'on voit apparaître pour la première fois Jacques Dupont, dit Trestaillons, qu'il accuse d'avoir dit : « Je regrette bien de n'avoir pas rencontré ce sous-préfet. Je lui aurais envoyé un coup de fusil ».

Cependant Beaucaire s'était aussi prononcée pour le roi. Cette petite ville, à laquelle la foire qui s'y tient tous les ans a assuré une réputation universelle, est située aux bords du Rhône qui la sépare de Tarascon, et à trente kilomètres de Nîmes. Le 26, elle arbora le drapeau blanc. Inquiet sur les suites de cette manifestation, le conseil municipal, qui connaissait la résolution du préfet du Gard et du général Gilly de maintenir dans Nîmes l'autorité de l'empereur, les fit avertir de ce qui venait de se passer, en les adjurant de ne rien tenter pour contenir le mouvement royaliste de Beaucaire, s'ils ne voulaient provoquer une résistance désespérée. Le général Gilly fit la promesse qu'on lui demandait. Mais, durant la nuit suivante, une troupe de fédérés partit de Nîmes sans ordres, afin d'aller soumettre aux autorités impériales les Beaucairois révoltés. Elle vint se briser contre un détachement de garde nationale qui gardait la ville. A dater de ce jour, Beaucaire songea à s'organiser pour la défense. Le comte de Bernis s'y rendit et prit en main cette organisation.

Les volontaires royaux et les déserteurs lassés de leur vie errante accoururent, ainsi que les habitants des communes voisines dévouées aux Bourbons. Avec les premiers, on forma un régiment de ligne et un escadron de chasseurs à cheval; avec les seconds, un bataillon de garde nationale. Les receveurs des postes, de l'enregistrement, des contributions directes et indirectes, les fermiers du Pont-de-Beaucaire durent verser huit mille cinq cents francs. On accrut ces ressources par des emprunts. Un agent secret envoyé à Marseille, où le marquis de Rivière s'était installé comme commissaire du roi, obtint par son entremise, des bâtiments anglais qui croisaient en vue du port, des armes et des munitions qu'il rapporta dans Beaucaire, où il ramena en même temps plusieurs officiers emprisonnés au château d'If pendant les Cent-Jours et que le peuple marseillais avait délivrés. Parmi eux, se trouvait le colonel Magnier, qui entreprit avec succès de lever un corps de troupes à Tarascon. Enfin, la garnison d'Aigues-Mortes envoya au camp de Beaucaire deux pièces de canon et des artilleurs. L'armée royaliste, forte de plus de deux mille hommes, fut placée sous les ordres du chevalier de Barre, maréchal de camp. En même temps, le comte de Bernis désignait le marquis de Calvières comme préfet provisoire du Gard.

De son côté, le général Gilly se préparait à une défense désespérée. Prévoyant le cas où il serait obligé d'évacuer Nîmes, il venait de faire des Cévennes du Gard, en sa qualité de commissaire impérial, le point de ralliement d'une vaste insurrection dont les fédérés d'Avignon, de Marseille et de Nîmes, les populations de la Gardonnenque et de la Vaunage[1], et les troupes rebelles lui auraient fourni les éléments. Appuyé sur la citadelle du Pont-Saint-Esprit, qui tint pour l'empereur jusqu'au milieu de juillet, disposant de populations fanatisées, il aurait pu facilement appeler à son aide celles du Dauphiné et faire du Gard un foyer de résistance à la Restauration, et, comme on disait alors, une Vendée patriotique. Chose étrange, le général Gilly, auquel était acquise la majorité des sympathies protestantes, était catholique; par

1. On désigne ainsi quelques communes, entre Nîmes et le Vidourle, dans la vallée de Nages.

contre, le général de Barre, dont les forces se composaient presque en totalité de catholiques, était protestant, ainsi que plusieurs des fonctionnaires qui furent ultérieurement nommés par le commissaire du roi. Ce simple fait permet d'affirmer qu'en ce moment, ce sont bien les passions politiques qui étaient aux prises et que c'est plus tard seulement que les passions religieuses vinrent les envenimer.

Le général Gilly avait sous ses ordres cinq cents hommes du 13e de ligne, deux compagnies du 67e, deux cent cinquante chasseurs du 14e, un bataillon composé d'officiers à la demi-solde, désigné sous le nom de « bataillon sacré », neuf cents hommes de garde urbaine et environ seize cents paysans armés. Il y ajouta de l'artillerie qu'il envoya chercher au Pont-Saint-Esprit. Néanmoins, bien qu'il disposât, comme on le voit, de forces supérieures à celles de l'armée de Beaucaire, le général bonapartiste ne pouvait rien au delà de la résistance. S'il avait tenté de sortir de Nîmes et de porter l'attaque au dehors, la population royaliste, qu'il tenait comprimée depuis trois mois, se serait soulevée. En outre, il aurait trouvé devant lui, à droite et à gauche, des communes hostiles à Bonaparte, et, parmi les plus importantes, celle d'Uzès, qui avait arboré déjà le drapeau blanc et qui, placée sur la limite qui sépare les centres catholiques des centres protestants, se préparait à se défendre contre ceux-ci. Enfin, à l'armée de Beaucaire seraient venues se joindre, au besoin, les gardes nationales de Provence, réunies par le colonel Magnier, entre Arles et Tarascon. Le général Gilly était donc paralysé; il restait dans Nîmes, attendant avec angoisse les nouvelles de Paris, sourd aux propositions pacifiques et honorables des représentants du roi, tandis que, libre de ses mouvements, le général de Barre fortifiait ses positions et organisait une expédition pour dégager les bords de la Durance, d'où le menaçaient des bandes de fédérés, sorties d'Avignon.

Composée de volontaires royaux, cette expédition, sous les ordres du colonel Magnier, partit de Beaucaire, le soir, vers onze heures et marcha pendant toute la nuit. Au point du jour, elle se trouva à l'entrée d'un gros bourg appelé Château-Renard, voisin de la Durance, et vit devant elle les fédérés postés hors la ville sur les coteaux qui longent la route de Noves. La première balle tirée alla tuer un paysan qui travaillait dans un pré, et dont on essaya de justifier la mort en disant qu'il avait crié : « Vive l'empereur ! » Ce fut, d'ailleurs, la seule victime de la journée, car au premier coup de canon, les fédérés se dispersèrent et disparurent. On ne les poursuivit pas. Le chef de l'expédition ayant appris qu'Avignon était depuis le matin au pouvoir des royalistes, donna l'ordre de retourner à Beaucaire. Il ne put empêcher toutefois une partie de ses soldats d'entrer dans Château-Renard, où ils mangèrent et burent trop copieusement, sans doute, car, après le repas, ils se mirent à piller plusieurs maisons, et à maltraiter des citoyens qu'on leur désigna comme des républicains. La boutique d'un chapelier rangé dans cette catégorie fut saccagée et les marchandises qu'elle contenait détruites. Après cet exploit, la compagnie se mit en route pour rentrer dans ses quartiers. Mais en traversant Tarascon, elle trouva la ville en proie à la plus tumultueuse agitation. On venait d'y conduire dans trois charrettes des individus arrêtés arbitrairement à Fontvieille, commune de l'arrondissement d'Arles, où ils étaient connus comme d'anciens terroristes. On attendait ces malheureux avec des « tombereaux de tessons de bouteilles » pour les massacrer. Il y avait parmi eux un vieillard surnommé « l'archevêque » contre lequel la foule s'acharnait avec fureur. Au moment où il arrivait avec ses compagnons, aux abords du château fort qui sert de prison, elle commença à le lapider.

Il reçut les premiers coups sans se plaindre. Tout à coup, un jeune homme, prisonnier aussi, se précipita en criant et vint se mettre devant lui afin de recevoir les coups à sa place; c'était son fils, qu'on vit alors, insensible à ses propres blessures, entourer de ses bras et couvrir de son corps le vieillard qui lui ordonnait en vain de s'éloigner. Mais cette lutte de dévouement n'attendrit pas la populace ameutée et les deux malheureux seraient morts broyés, si quelques volontaires émus et indignés ne les eussent soustraits à sa fureur, en les poussant brusquement dans la forteresse dont les portes se fermèrent aussitôt[1].

Tels étaient donc les résultats des projets de résistance du général Gilly : il exaspérait les royalistes et fournissait à leurs adversaires, partout où ils étaient assez forts pour soutenir la lutte, un prétexte pour retarder leur soumission et même pour devenir menaçants. C'est ainsi que dans la Gardonnenque, s'étaient formés des rassemblements armés qui envoyaient leur avant-garde jusqu'aux portes d'Uzès, et sommaient les habitants d'avoir à faire disparaître le drapeau tricolore. Ces rassemblements étant devenus inquiétants, les autorités municipales de cette petite ville eurent l'idée de leur envoyer, par un parlementaire, des propositions ayant pour but de faire décider que, jusqu'à nouvel ordre, royalistes et impérialistes garderaient leurs couleurs. Un ancien officier, M. Nicolas garde à cheval des eaux et forêts, s'offrit pour porter ces paroles de paix aux émeutiers et se rendit au-devant d'eux, le 3 juillet, suivi de deux gendarmes. Il les rencontra aux portes mêmes de cette commune d'Arpaillargues où, trois mois avant, les volontaires royaux avaient été massacrés. D'abord, ils parurent disposés à l'écouter. Mais, à peine eut-il fait allusion aux Bourbons, que sa voix fut couverte par des huées et des cris de « Vive l'empereur! » Il voulut protester; au

1. Souvenirs d'un témoin, communiqués à l'auteur.

même instant, un paysan plus excité que les autres abaissa vivement son fusil et tira presque à bout portant sur M. Nicolas qui tomba mort [1]. La négociation, brusquement arrêtée par ce meurtre inexplicable, fut reprise, le même jour, par de nouveaux députés et aboutit à un armistice, aux termes duquel chaque parti conservait ses couleurs et devait rester dans ses positions.

Peu à peu, cependant, le cercle se resserrait autour du général Gilly, et, bien qu'il occupât la ville de Nîmes, il ne pouvait plus se faire illusion sur la durée de son pouvoir. S'il résistait encore, c'est qu'il fondait un espoir sur l'arrivée du général Cassan, commandant le département de Vaucluse, qui cherchait à lui porter secours, mais sans pouvoir arriver jusqu'à lui, tandis que, chaque jour, des détachements royalistes venaient aux portes de Nîmes. Le 5 juillet, l'un d'eux apporta une lettre du général de Barre, sommant le général de faire sa soumission au roi. Cette lettre était ainsi conçue : « Général, les forces supérieures que je commande me mettent à même de me rendre maître de la ville de Nîmes que vous occupez. L'humanité m'a fait différer jusqu'à ce moment de les employer, espérant que vous arboreriez le drapeau blanc et vous déclareriez pour le roi Louis XVIII. Quelques instants vous sont encore donnés, et je vous invite d'en profiter sans délai.

1. L'assassin se nommait Pénarieu. Il fut condamné à mort et exécuté au mois d'août 1810.

Si telles sont vos dispositions, et si vous partagez, comme je m'en flatte, mon désir d'épargner l'effusion du sang et les désordres qui pourraient résulter d'une mesure qui ne serait point concertée envoyez quelqu'un de confiance avec lequel je puisse travailler et parer à ces inconvénients[1] ». A cette lettre, Gilly répondit par un refus, et l'on en serait venu sans doute aux mains, sans l'intervention du conseil municipal, qui fit accepter des partis une trêve provisoire à l'effet d'attendre les résultats des événements de Paris.

Quelques jours s'écoulèrent ainsi. On apprit enfin le rétablissement de Louis XVIII par l'ordonnance royale qui prescrivait à tous les fonctionnaires destitués pendant les Cent-Jours de reprendre leurs fonctions. Le comte de Bernis fit alors une tentative nouvelle pour obtenir la soumission de la ville. Le général Gilly répondit en proclamant Napoléon II. En même temps, afin de se débarrasser des exigences royalistes, il préparait un coup de main sur Beaucaire, après avoir envoyé au général Cassan, maître de la citadelle du Pont-Saint-Esprit, l'invitation de marcher de son côté de manière à ce que leur jonction, faite à propos, leur assurât la victoire. Un incident vulgaire fit avorter ce projet. L'émissaire qui portait au commandant militaire de Vaucluse les ordres de Gilly se laissa prendre par les patrouilles qui tenaient la

1. Archives du dépôt de la guerre.

campagne entre Beaucaire et Nîmes[1], et le comte de Bernis, averti à temps, put dicter des mesures défensives contre lesquelles l'expédition échoua.

Le chef-lieu du Gard fut alors en proie à une véritable terreur, car, menacé à la fois par les troupes royalistes et par les bandes de la Gardonnenque, il avait en outre tout à redouter du général Gilly déterminé à vaincre ou à périr[2]. Un grand nombre d'habitants prirent la fuite, se réfugièrent à Beaucaire et y firent un tel tableau des dangers que couraient leurs concitoyens que le comte de Bernis se décida à marcher sur Nîmes. L'énergie du dernier avertissement qu'il adressa au général Gilly prouva à ce dernier qu'il ne pouvait plus tenir. Dans la soirée du 16 juillet, après avoir confié au général de Maulmont, placé sous ses ordres, le commandement de la garnison enfermée dans les casernes, il quitta secrètement la ville, accompagné par quatre ordonnances. Un peu plus tard, cent hommes du 14e chasseurs s'éloignèrent aussi. Protégée par une centaine d'officiers et soldats retraités, par une troupe de Cévenols, cette sortie

1. Il se nommait Brémond. Envoyé dans la prison d'Uzès, il y fut massacré le 3 août avec d'autres détenus, ainsi qu'on le verra tout à l'heure.

2. C'est sans doute à cette situation que Fouché faisait allusion dans un rapport au roi, en date du 8 juillet : « Le royalisme du Midi, écrivait-il, s'exhale en attentats. Des bandes armées pénètrent dans les villes et parcourent les campagnes. Les assassinats, les pillages se multiplient. La justice est partout muette. Il n'y a que les passions qui parlent et soient écoutées. Il est urgent d'arrêter ces désordres.... » (Archives du dépôt de la guerre.)

eut un caractère terrible. Armés jusqu'aux dents, pâles de rage, prêts à broyer tout ce qui leur aurait fait obstacle, les cavaliers parcoururent le boulevard au galop, en déchargeant leurs carabines, en poussant des cris de colère, et rejoignirent leur général. Il les conduisit sur la route d'Anduze, qui le mettait en communication avec les Cévennes où, comme nous l'avons dit, il espérait défendre longtemps la cause impériale et où, dès le lendemain, menacé par le comte de Vogüé, il se réfugia. Puis il adressa aux populations sur lesquelles il comptait un appel désespéré. Il leur demandait de « s'armer de bon cœur » et de former un corps de vingt-cinq mille hommes, « au nom du bien public et de l'humanité ». Tous les hommes de dix-huit à soixante ans étaient invités à marcher dès que la générale serait battue, « à se servir de fusils de chasse, de fourches et de faux [1] ». A cet appel, quatre mille hommes environ répondirent. L'agitation se maintint ainsi durant quelques semaines et causa des malheurs dont on connaîtra bientôt l'étendue. Puis ces bandes se dispersèrent, ne laissant au général Gilly d'autre issue que la fuite.

Le lendemain du jour où il quitta Nîmes, le préfet du Gard, baron Ruggieri, se décidait enfin à reconnaître le gouvernement royal. Il disparut après l'avoir proclamé. Un commissaire de police le fit évader de la ville. Le drapeau blanc fut alors

1. Archives national s. Rapport du préfet du Gard.

arboré; on vit quelques cocardes blanches. Mais les fédérés étaient encore les maîtres. Ils parcoururent la ville, après avoir enfermé dans leurs quartiers les gendarmes déjà porteurs de la cocarde blanche. Ils firent feu sur plusieurs personnes. Un garçon boulanger fut tué[1] dans cette dernière convulsion du bonapartisme expirant.

1. Jean Vignolle.

IV

Deux jours après, tous les émigrés rentrèrent dans leurs maisons, précédant l'armée de Beaucaire à l'approche de laquelle la garde urbaine se dispersa. Comme toute autorité faisait défaut, dans chaque quartier, les citoyens, à l'instigation des autorités provisoires, s'armèrent pour se protéger contre un retour des fédérés. Ce fut une garde nationale improvisée, à la formation de laquelle présida le plus grand désordre. C'est ainsi que certains individus se trouvèrent revêtus d'un semblant d'autorité. Les documents administratifs et judiciaires nous ont transmis leurs noms. Mais nous ne citerons que ceux qu'une condamnation solennelle ou la notoriété publique a livrés à l'histoire.

Parmi eux, se trouvaient Truphémy, un boucher, jeune encore, que les dépositions nous dépeignent comme un personnage redoutable, à cheveux crépus, à gros favoris rouges, et Jacques Dupont, surnommé Trestaillons, petit homme brun, nerveux et frêle, nommé capitaine d'une compagnie à l'aide de laquelle il commit d'abominables crimes dont il ne nous a pas été possible de retrouver des preuves décisives dans les pièces officielles qui ont passé par nos mains, mais dont il existe ailleurs un témoignage irrécusable et décisif dont nous allons reparler. Ces deux hommes répandirent la terreur dans les faubourgs et dans les environs de Nîmes, parmi ce peuple d'artisans dont ils faisaient partie. Ils eurent des complices que les tribunaux acquittèrent ultérieurement, à l'exception d'un seul, Jacques Servent dit le Camp, qui fut condamné en même temps que Truphémy. Les historiens royalistes n'ont pas plaidé les circonstances atténuantes pour ce dernier. Tous reconnaissent que c'était un scélérat. Ils se sont efforcés au contraire d'en trouver pour Trestaillons dont, pour un motif ignoré, la veuve recevait encore une pension en 1830.

Ce misérable avait fait partie des volontaires du duc d'Angoulême. Il possédait trois lopins de terre[1] et, pour expliquer les actes auxquels il se livra, on raconta d'abord que pendant son absence, des individus appartenant au parti bonapartiste avaient dévasté sa petite propriété, arraché ses

1. Cette circonstance lui valut son surnom de *Tres Taillons*, ce qui veut dire trois morceaux.

oliviers et ses vignes. C'était la version la plus répandue en 1816. Puis, comme ces faits dénués de toute preuve ne pouvaient justifier le caractère odieux des représailles exercées, on ajouta que la femme de Trestaillons avait été outragée; de telle sorte que, malgré la plupart des dires contemporains qui l'accusent d'avoir été un sinistre bandit, il ne serait en réalité qu'une victime des ennemis de la royauté, qui aurait tiré vengeance de ceux dont il avait à se plaindre.

L'histoire ne saurait se contenter de cette assertion et peut y opposer l'assurance que Jacques Dupont mit la main dans la plupart des crimes commis à Nîmes les 18, 21, 24, 27 juillet, 1er et 19 août, crimes qui presque tous restèrent impunis parce que personne n'osa dénoncer leurs auteurs. Sa culpabilité résulte de l'aveu qu'il fit, en 1819, au baron d'Haussez, préfet du Gard, et duquel ressort la preuve qu'après les Cent-Jours, il avait tué six individus : « J'ai cherché ceux qui m'avaient déshonoré, dit-il, je les ai tous tués. Je ne m'en suis pas caché. C'était en plein jour, dans les rues, dans les maisons, partout où je les ai rencontrés; si l'un d'eux m'avait échappé et qu'il fût là, je le poignarderais sous vos yeux ».

Elle résulte encore d'une lettre trouvée dans les archives de la petite commune d'Aubussargues, lettre écrite au maire, qui dépeint à merveille le personnage qu'une gravure du temps nous représente en uniforme d'officier de la garde nationale, portant son tricorne en bataille, avec une énorme cocarde blanche, et qui s'en allait dans les campagnes, dépouillant les habitations, maltraitant les gens, menaçant ceux qui n'obtempéraient pas sur-le-champ à ses exigences.

Cette lettre dont le texte est sous nos yeux, toute criblée de fautes d'orthographe, fait allusion aux mauvais traitements que le signataire a subis à Aubussargues, après la capitulation de la Palud, et réclame cinquante francs qui lui auraient été dérobés et cent cinquante francs pour l'indemniser de la perte de son équipement. Elle se termine comme suit : « Monsieur le maire, au défaut de ne vouloir pas me faire restituer, cet que je réclame et qui ma été volet, je me permétré de venir en personne avec ordre, et de force, je me ferait rendre pièce à pièce et pour éviter cette incendie, veulliet bien me l'envoyer de suite : Le capitaine dit TROIX TAILLION, JACQUES DUPONT. »

Voilà bien le langage du chef de bandes qui dicte ses conditions. Il n'est question là ni des propriétés ravagées ni de la femme outragée. On est en présence d'un brigand qui ne sert la cause royaliste que pour faciliter l'exercice de son criminel métier[1], dont il faut voir l'inspiration dans presque toutes les atrocités qui ensanglantèrent

1. Il est à remarquer que M. Bouy, maire d'Aubussargues, auquel cette lettre est adressée, était un homme d'une honnêteté scrupuleuse, qui s'était employé avec la dernière énergie pendant les Cent-Jours à protéger les catholiques habitant sa commune, où ceux qui la traversaient. Le souvenir de ses services dura longtemps,

Nîmes à dater de ce jour, et qui plus qu'aucun de ses pareils a contribué, son impunité aidant, à donner aux événements que nous racontons l'odieuse physionomie qu'ils ont gardée jusqu'à nous.

Nous avons dit qu'en quittant Nîmes, le général Gilly avait laissé dans les casernes, où elle s'était fortifiée, une partie de la garnison composée de soldats attachés à l'empereur, enivrés du souvenir de sa gloire dont ils avaient leur part et que sa chute exaspérait. Témoins de l'irritation qui s'empara de la ville délivrée et qu'aggravaient leur résistance et leur attitude menaçante, ils en subissaient le contre-coup.

Une collision devenait imminente entre eux et la population dont un grand nombre de paysans royalistes était venu exciter les ardeurs. Les hommes modérés qui conservaient encore quelque autorité entreprirent d'apaiser les esprits et ouvrirent avec le général de Maulmont, disposé à entrer dans leurs vues, des négociations ayant pour but d'éviter l'effusion du sang et de faire disparaître une batterie d'artillerie dressée devant les casernes. Le général de Maulmont consentit à livrer ses canons à une

puisque nous voyons en 1816 les femmes de la halle de Nîmes, se faire l'organe de la reconnaissance publique en refusant, quoiqu'il fût protestant, de recevoir le prix des denrées qu'il achetait les jours de marché. Quant aux prétendus outrages dont la femme de Jacques Dupont aurait été victime, on doit faire observer qu'on ne trouve pas un seul crime de ce genre parmi tous ceux qui furent commis en 1815 dans le Midi.

compagnie d'élite de la garde nationale, qui s'était formée sous le commandement du maire pour assurer le maintien de l'ordre. Mais dans la journée du 17 juillet, devant la foule houleuse massée sur la place des casernes et que ne parvenaient pas à contenir quelques gendarmes effrayés de leur petit nombre, les soldats placés aux croisées, soit que cette foule les eût provoqués, soit que la convention consentie par leur général les eût affolés, sautèrent sur leurs fusils et firent, sans avoir reçu des ordres, une décharge générale. Douze personnes tombèrent, onze tuées sur le coup, une blessée mortellement [1].

La place fut vide en un instant. La foule, réfugiée dans les rues voisines, poussait des cris de vengeance. Il y eut encore des coups de feu, qui blessèrent plusieurs personnes et tuèrent deux soldats. Le tocsin sonnait à toutes les églises. La municipalité envoyait en toute hâte des messagers à Beaucaire et à Uzès, sollicitant des secours afin d'arrêter la guerre civile. Grâce à l'intervention du général de Maulmont et à la fermeté de quelques officiers, la garnison capitula vers le soir. Les soldats brisèrent leurs armes, déchirèrent leurs drapeaux, enclouèrent les canons, jetèrent les munitions dans un puits, tandis que le général stipulait que les officiers garderaient leur épée. Le

1. Voici les nom des victimes : Mazoyer, Bressant, Castor, Aimé, Maurice, Nouvel, Aigon, Sadoul, Daussac, Françaisc, Rouvière, Claude Philippe.

départ de la garnison devait avoir lieu dans la nuit. A trois heures, elle sortit des casernes en bon ordre, ayant à sa tête le général de Maulmont, et défila silencieusement devant un assez grand nombre de spectateurs.

Tout à coup, des hommes de mauvaise mine se mirent à injurier les sous-officiers, en leur disant qu'ils n'avaient pas le droit de conserver leurs sabres, et deux détonations se firent entendre comme un signal. Aussitôt, on se précipita sur ces soldats sans défense; trente environ furent tués ou blessés, et parmi eux plusieurs officiers dont un commandant, qui d'ailleurs reçut des soins et fut sauvé[1]. Les malheureux s'enfuirent de tous côtés. Plusieurs furent recueillis chez des habitants d'où on les fit partir déguisés. Le général de Maulmont, dont la vie avait été menacée, parvint à en rallier un grand nombre et à atteindre avec eux le Pont-Saint-Esprit, où ils reçurent des secours du comte de Vogüé devenu, depuis vingt-quatre heures, maître de la citadelle sans coup férir, le général Cassan, qui s'y était réfugié, lui ayant livré cette position qu'il ne pouvait plus défendre.

Le regrettable événement des casernes est le dernier auquel on puisse attribuer le caractère de fait de guerre civile. Les meurtres subséquents furent de véritables assassinats commis par des bandes isolées que commandaient les sinistres per-

1. Nous n'avons pu retrouver l'état des morts et des blessés. Les chiffres que nous donnons sont ceux des documents judiciaires.

sonnages que nous avons nommés et qui ne rencontrèrent que trop d'adhérents dans la lie du peuple et parmi les nombreux individus étrangers à la ville, venus, à la faveur des troubles, pour piller et voler.

L'armée de Beaucaire fit son entrée le lendemain suivie des gardes nationales d'Arles et de Tarascon ainsi que d'un grand nombre de paysans. Les hommes de désordre n'attendaient que ce moment. Ils étaient libres; ils se répandirent dans la ville sans qu'on pût les arrêter. Plusieurs maisons appartenant les unes à des catholiques, les autres à des protestants, furent pillées, notamment celles des généraux Gilly et Merle. On alla briser les meubles du café militaire. Chez un banquier royaliste, quoique protestant, dont le fils avait suivi le duc d'Angoulême pendant les Cent-Jours, les bureaux furent envahis. On y trouva un coffre-fort que l'on crut rempli d'or et qui ne contenait en réalité que des pièces de deux sous. On tenta vainement de l'ouvrir. Le comte de Bernis étant accouru le fit transporter à la mairie. Les honnêtes gens épouvantés songèrent alors à se défendre et parvinrent à pacifier l'intérieur de la ville. Mais les émeutiers allèrent continuer leurs excès dans les faubourgs.

Deux cultivateurs [1], auxquels on attribuait des opinions bonapartistes, furent massacrés dans leur

1. André Chivas et Antoine Chef.

vigne; des femmes protestantes, au nombre d'une douzaine, insultées et frappées[1]. Puis les assassins portèrent la terreur dans les villages environnants. Ils pillèrent dans la commune de Bouillargues la maison d'un magistrat, qui fut lui-même arrêté et ramené à Nîmes en voiture, entouré d'une bande d'énergumènes ; à Vaqueyrolles, une propriété qu'ils essayèrent d'incendier et où, croyant découvrir un trésor, ils déterrèrent le cadavre d'une petite fille de dix ans, dont l'odeur arrêta leurs recherches sacrilèges. Ces méfaits nécessitèrent l'intervention de la force armée. Le général de Barre se rendit sur les lieux avec des gardes nationaux, lesquels ayant aperçu en route un fédéré qui fuyait devant eux[2], tirèrent sur lui et le tuèrent.

Ce meurtre accompli par des hommes auxquels était confié le maintien de l'ordre et dont leurs officiers ne pouvaient détourner la main suffit à révéler l'état anarchique de ce malheureux pays. Que les autorités se montrassent impuissantes à apaiser l'exaltation des royalistes, à contenir l'agitation de la Gardonnenque et des Cévennes, cela peut à la rigueur se comprendre; mais qu'avec l'appui d'une ville remplie d'honnêtes gens armés, elles ne soient point parvenues à arrêter une poi-

1. Il nous a été impossible de découvrir dans les documents du temps une seule trace des sévices qu'auraient eu à subir des dames protestantes, qu'on a représentées comme fustigées à coups de battoirs armés de clous dessinant des fleurs de lys. Nous croyons qu'il faut ranger ce trait parmi les légendes.

2. Imbert, dit la Plume.

gnée de malfaiteurs, comment l'expliquer, si ce n'est par un regrettable défaut d'énergie, par la peur que leur inspiraient les éléments violents de la garde nationale ou par une complaisance naturelle qui les disposait à ne voir dans les assassinats qu'elles auraient voulu arrêter qu'une regrettable initiative du peuple se faisant justice?

Le 21 juillet, deux autres individus[1] périrent sous les coups des associés de Truphémy et de Trestaillons. La journée du 24 fut encore signalée par un meurtre qu'une troupe armée commit sur la personne d'un garçon boulanger absolument inoffensif[2]. Le 27, un ancien sergent de ville[3], arrêté chez lui par des gardes nationaux, conduit devant le commissaire de police et renvoyé par ce dernier à la mairie, fut tué en route, malgré les supplications et les larmes d'une jeune fille, sa nièce, qui s'efforçait d'attendrir les exécuteurs. Enfin, le lendemain matin, le conseil de guerre institué par les autorités provisoires pour atteindre quelques bonapartistes, condamna à mort un capitaine à la demi-solde, qui fut exécuté le même jour[4], quelques heures avant l'arrivée à Nîmes de l'ordonnance du 24 juillet, qui, sauf diverses excep-

1. David Chivas et Rembert.
2. Jacques Combes.
3. Louis Dalbos.
4. Déféraldi. Le jugement du conseil de guerre avait été cassé; mais l'exaltation publique fut si violente que les autorités se crurent obligées de l'exécuter. (Archives nationales.) Le général de Barre n'osa annoncer au gouvernement son exécution.

tions qu'elle énumérait, amnistiait les actes accomplis pendant les Cent-Jours.

Durant les jours précédents, le maire avait retiré à Trestaillons le commandement de sa compagnie et incorporé celle-ci dans la garde nationale. Malheureusement, il n'osa éloigner l'ancien miquelet qui garda son uniforme et ses épaulettes et put continuer ses exploits dans la ville et surtout dans les environs, à la faveur des nombreuses expéditions qui avaient lieu dans la Gardonnenque, afin de soumettre et de pacifier cette contrée.

Cependant, le gouvernement qui avait hâte de substituer partout un état définitif à l'état provisoire créé par les commissaires extraordinaires du roi, et qui comprenait que ceux-ci n'étaient que trop disposés à partager les passions des populations parmi lesquelles ils vivaient, révoqua leurs pouvoirs, ce qui causa dans la plupart des départements un conflit presque immédiat. Il désigna pour aller occuper la préfecture du Gard le marquis d'Arbaud de Jouques, ancien préfet de La Rochelle, dont on vantait la modération et la fermeté. Ce fonctionnaire, arrivé à son poste le 29 juillet, se heurta contre un obstacle inattendu : la résistance du comte de Bernis et du préfet provisoire, marquis de Calvières, lesquels tenant leurs pouvoirs du duc d'Angoulême, ne voulurent pas s'en dessaisir.

Dès le 21 juillet, M. de Calvières en apprenant qu'un successeur lui était donné, écrivait au ministre de l'intérieur : « Nommé par M. le commissaire à la même préfecture, le 3 juillet courant, j'ai tout exposé et tout sacrifié pour le service du roi et le bien de mon pays. Je supplie votre Excellence de me faire parvenir les ordres du roi à cet égard. Je pense de mon devoir, dans les circonstances présentes, d'attendre la décision de Sa Majesté[1] ».

Le marquis d'Arbaud de Jouques arriva à Nîmes avant la réponse sollicitée par le marquis de Calvières, et ce dernier refusa de lui céder son poste. Au lieu d'exiger une soumission immédiate, M. d'Arbaud de Jouques résolut de se rendre à Toulouse auprès du duc d'Angoulême, afin de le faire juge des prétentions du préfet provisoire. Il partit en même temps que M. de Bernis, après avoir fait afficher une proclamation rappelant énergiquement tous les citoyens au respect des lois, et dans laquelle malheureusement, il semblait reconnaître, sinon la légitimité des crimes commis au nom de la cause royale, mais la légitimité des colères qui les avaient fait commettre. Son départ, qui fut ultérieurement blâmé comme un acte de faiblesse par le ministre de l'intérieur, favorisa de nouveaux désordres. La population ne prenait pas aisément son parti de la révocation du marquis de Calvières qu'elle considérait comme une manœuvre révolutionnaire et une injure aux chefs royalistes qui possédaient sa confiance.

Plusieurs crimes ensanglantèrent la ville, le 1er août, — journée funeste qui vit tomber plu-

1. Archives nationales. Dossier des événements du Midi en 1815.

sieurs victimes, et de laquelle un témoin, dont les lettres figurent dans les documents officiels, écrivait : « J'ai vu, le 1er août, trois hommes arrachés de leur demeure par la garde nationale et fusillés sur le seuil de leur porte.... On ne leur donnait pas le temps de faire leur prière. Le sous-préfet estime à quinze le nombre de personnes qui ont péri ».

C'est ce jour-là que Truphémy commit le meurtre qui le fit plus tard condamner. Il y avait à Nîmes un grand nombre d'officiers en retraite, et parmi eux, un ancien capitaine des armées de la république, nommé Bouvillon, que Truphémy résolut de mettre à mort, bien qu'il ne le connût même pas. Accompagné d'un peloton de six hommes, armés comme lui, il se présenta dans la maison où l'ex-officier, qui se savait menacé, s'était réfugié avec sa femme et la sœur de celle-ci.

A midi, heure du dîner, Truphémy entra brusquement dans la salle où Bouvillon prenait son repas avec sa famille.

« Est-ce bien celui-là? » demanda-t-il à l'un des compagnons.

Sur la réponse affirmative de ce dernier, il somma Bouvillon de le suivre, sans lui permettre même de mettre ses guêtres. Les personnes présentes s'interposèrent; mais Truphémy les menaça, maltraita la femme de l'ancien capitaine, qui s'était jetée devant son mari et arrêta ce dernier en disant :

« Marche, coquin, et ose crier maintenant : Vive l'empereur!

— Je n'ai jamais servi l'empereur, répondit Bouvillon; je suis en retraite depuis douze ans. »

On l'entraîna à travers les rues. Truphémy, que deux de ses compagnons venaient d'abandonner quand ils avaient su qu'il s'agissait de fusiller un innocent, précédait son prisonnier qu'entouraient quatre hommes et obligeait, avec force injures, les gens qu'il rencontrait, à s'éloigner au plus vite. Quand la petite troupe fut arrivée sur la promenade de l'Esplanade, Truphémy se retourna vers sa victime :

« Va en avant », lui cria-t-il.

Bouvillon obéit. Dès qu'il eut fait trois pas, le boucher lui tira un coup de fusil dans le dos; plusieurs détonations retentirent, mêlées aux cris de « Vive le roi! » Bouvillon tomba mort. Truphémy s'avança vers le corps, prit le chapeau dont il se coiffa, laissant le sien à la place; puis il s'éloigna avec ses complices, et le cadavre resta là, pendant plusieurs heures, tandis que pour le voir se succédaient nombre de gens dont les uns exprimaient leur horreur pour cet assassinat, dont les autres l'approuvaient, tous désignant Truphémy comme le coupable, sans que l'autorité songeât à l'arrêter, quand il eût été si facile de constater le flagrant délit. Nous avons raconté ce fait avec quelques détails, parce qu'il donne une idée de tous les autres.

Le même jour, un compagnon de Bouvillon, François Saussine, ancien capitaine au 11e de ligne, retraité depuis l'an IX, fut tué au moment où il sortait de la ville. L'auteur du meurtre resta inconnu; toutefois, il est permis de croire que ni Truphémy ni Trestaillons n'y furent étrangers, car ils chassèrent de chez elle la veuve Saussine, et le second installa sa sœur dans le logement devenu vacant. Cinq autres individus, cultivateurs et ouvriers, périrent le même jour[1] victimes de vengeances analogues, sans qu'aucune poursuite vînt mettre un terme à l'effusion du sang et arrêter l'œuvre des criminels.

Cette inertie ne peut s'expliquer que par la terreur qui pesait sur la ville et dont, en l'absence du préfet, les autorités ressentaient les effets. Ce qui le démontre, c'est que le 19 août, au moment même où le marquis d'Arbaud de Jouques revenait de Toulouse et prenait définitivement possession de la préfecture, et cette fois avec le concours dévoué de MM. de Bernis et de Calvières, dix personnes furent encore assassinées dans les faubourgs, les unes à coups de fusil, les autres à coups de sabre. Dans le nombre se trouvaient deux femmes[2], que la rumeur publique accusait d'avoir dénoncé des royalistes pendant les Cent-Jours. Des paysans

1. Courber, Heraud, Domeson, Imbert, Leblanc.

2. La veuve Bosc, et la femme Bigot, sa sœur, Antoine Rigaud, l'ex-sergent-major Lhéritier, Dumas, dit Poujade, et cinq individus dont nous n'avons pu retrouver les noms, périrent aussi cette nuit-là. Il faut ajouter à cette liste le nom d'un ancien banquier, Affourtit, deux fois failli, dont la mort ne saurait s'expliquer par des causes politiques.

envahirent leur domicile dans la nuit. L'une d'elles s'empara d'un pistolet et les menaça. Elle fut tuée d'un coup de sabre, et comme l'autre injuriait les assassins, ils la frappèrent aussi.

Les crimes de cette nuit, contre lesquels protestèrent les officiers de la garde nationale et dont ils s'efforcèrent d'empêcher le retour, non en recherchant les coupables, mais en faisant eux-mêmes des rondes durant les nuits suivantes, eurent par toute la France un profond retentissement. Ce qui les caractérisait, c'est qu'ils avaient été commis à la veille des élections, comme si les royalistes, redoutant des candidatures rivales, eussent voulu éloigner, par la terreur, les électeurs protestants. Le 23 octobre suivant, M. Voyer d'Argenson dénonçait à la Chambre introuvable ce qu'il appelait le massacre des protestants du Midi. Plus tard, le 20 mars 1819, M. de Saint-Aulaire prétendit que les élections du Gard, en 1815, avaient été faites sous les poignards et qu'un grand nombre de protestants n'avaient osé voter. Enfin, en 1820, dans une pétition fameuse, M. Madier de Montjau, alors conseiller à la cour de Nîmes, faisant allusion aux mêmes événements, accusa le parti royaliste de s'être fait complice de seize assassinats commis contre les protestants et traça de la nuit du 19 août le plus sinistre tableau, à travers lequel circulait un tombereau trois fois chargé de cadavres. Depuis, les historiens se sont emparés de ces assertions, les uns pour les affirmer, les autres pour les contredire. Des électeurs protestants ont déclaré qu'ils avaient voté librement; d'autres, que l'accès du scrutin leur avait été interdit. La vérité est entre ces affirmations contraires.

Dans les huit jours qui précédèrent et suivirent les élections, douze individus moururent de mort violente, onze, le 19 août, — ceux dont nous avons parlé, — et un, le 25, l'abbé Desgrigny. Ce dernier seul était électeur; c'est même en revenant de Nîmes, où il s'était rendu pour voter, et en rentrant chez lui, à la campagne, qu'il fut frappé par une main inconnue. Aucun électeur protestant ne périt. Il est cependant difficile de croire que tant de sang versé par des mains royalistes, n'ait pas eu pour résultat de retenir dans leur retraite ceux qui se croyaient menacés. Comment expliquer d'ailleurs que, sans motifs avouables, sans provocation, de si nombreux crimes aient été commis le même jour, quand on espérait que la période des réactions sanglantes était close? N'est-on pas en droit de prétendre que les scélérats, contre lesquels l'autorité n'osait sévir, trouvèrent un prétexte dans l'approche des élections pour ajouter à leurs précédents forfaits ceux de la nuit du 19 août, et que dans la Gardonnenque, où les protestants étaient en majorité, où la présence des réfugiés de Nîmes et d'Uzès entretenait une extrême fermentation, l'abbé Desgrigny tomba sous les coups d'une réaction, hélas, trop naturelle? L'étude impartiale des récits et des documents contemporains enlève toute vraisemblance à une autre appréciation.

V

Tandis que ces événements se déroulaient dans Nîmes, la petite ville d'Uzès, à quelques lieues de là, était aussi le théâtre de tragiques péripéties. Plus rapprochée que Nîmes des communes dans lesquelles la population protestante est en majorité, elle ressentait plus vivement le contre-coup de leur agitation, qui se traduisait, nous l'avons dit, par des rassemblements qu'on accusait le général Gilly d'avoir formés. En outre, Uzès avait aussi son terroriste. Il se nommait Jean Graffand et ne tarda pas à être désigné sous le sobriquet de Quatretaillons, par allusion au bandit Nîmois dont il surpassa la cruauté. Ancien soldat, il avait quitté le service en 1810, était devenu garde champêtre dans l'une des communes de l'arrondissement d'Uzès, puis garde des eaux et forêts. Volontaire dans l'armée du duc d'Angoulême, il se trouvait à Uzès dans le courant de juillet et prit une part active aux premières exactions dont cette ville fut témoin, après la seconde rentrée du roi, comme aux crimes qui l'ensanglantèrent en août et qui eurent un caractère plus odieux que ceux de Nîmes. « Ce fut pour l'exécution, a dit un témoin, le personnage le plus marquant dans l'histoire de nos malheurs. Chef de ces brigands audacieux qu'aucun frein n'arrêtait, dont la présence était le signal du carnage, de la dévastation et de la mort, catholiques et protestants furent également victimes de sa férocité [1]. » Il se contenta d'abord de s'associer aux malfaiteurs qui pillèrent en moins de dix jours trente-six maisons, puis il prit goût à ce métier lucratif. Dans la journée du 3 août, au milieu de troubles qui précédaient une nuit tristement mémorable, laquelle apparaît à trois siècles de distance comme une réduction de la Saint-Barthélemy, on vit Jean Graffand, suivi de quelques individus armés, dociles à ses ordres, violant le domicile de plusieurs citoyens, y prenant de force des objets à son gré, exigeant de ses victimes des sommes qui variaient de cinquante francs à deux mille francs, procédant à des arrestations arbitraires, tirant sur un individu qui lui échappait, lui criant : « Coquin, tu n'auras rien perdu pour attendre [1] », bravant le sous-préfet, le maire, le commandant de place, tous les fonctionnaires affolés par la peur, et ameutant la populace contre les citoyens qui avaient manifesté

1. Documents judiciaires. Archives de la cour de Riom.

quelque sympathie pour le gouvernement impérial. Enfin une femme, à laquelle il voulait extorquer une somme considérable, trouva moyen de se dérober à sa surveillance, tandis qu'il dévastait sa demeure, courut à la mairie, réclama du secours et fit rougir de leur faiblesse les autorités qui se décidèrent à agir. Un adjudant-major de la garde nationale arrêta Jean Graffand et le conduisit à la maison d'arrêt, déjà remplie de prisonniers, paysans des environs ou habitants de la ville, détenus depuis quelques jours par le parti vainqueur, à la suite des rassemblements de la Gardonnenque. Mais dès que la nouvelle de cette arrestation fut connue dans Uzès, une foule furieuse se porta devant la mairie et devant la prison, réclamant Graffand à grands cris, exigeant sa mise en liberté. Le maire s'y refusa d'abord; puis, le tumulte grossissant, il céda, à la condition que le prisonnier serait conduit à la caserne et y resterait sous la surveillance du peuple. On feignit d'accéder à cette condition et d'enfermer Graffand; mais au bout de quelques instants, il fut remis en liberté et put reprendre la série de ses méfaits, qui ne faisait que commencer quand on l'avait interrompue.

Il était environ huit heures du soir. Les passions, surexcitées par les incidents de la journée, par des provocations involontaires ou voulues, semblaient chercher un prétexte et un but, quand

1. Documents judiciaires.

le bruit se répandit qu'un ouvrier royaliste[1] venait d'être tué d'un coup de fusil. La populace attribua ce meurtre à un boulanger nommé Meynier, qui, depuis la fin des Cent-Jours, avait été l'objet des plus mauvais traitements de la part des forcenés par lesquels le parti royaliste était déshonoré. A la fin de juin, il avait été obligé de s'enfuir; puis, quand il était revenu dans la ville, on l'avait emprisonné. Sa femme réclamant sa mise en liberté, un fonctionnaire avait eu la cruauté de lui répondre : « Va, n'y compte plus; il est perdu. » Et à la prière même du prisonnier, elle s'était réfugiée dans les environs. Meynier cependant était parvenu à sortir de prison. Libre depuis quelques jours, le meurtre de Pascalet, dans la soirée du 3 août, le désigna aux fureurs de la foule. Elle envahit sa maison, dans laquelle il se trouvait avec son père et son frère. Une femme qui partageait leur repas essaya de démontrer leur innocence. Elle fut pourchassée, obligée de fuir, se vit refuser asile chez des voisins, et ne se sauva qu'en allant se cacher au fond d'un puits desséché, après avoir reçu un grain de plomb dans le corps. Pendant ce temps, on massacrait Meynier père et ses deux fils. L'un de ceux-ci n'expira qu'au cinquième coup de fusil. L'autre ayant demandé un prêtre : « Les brigands ne se confessent pas », lui répondit-on[2]. Le lende-

1. Pascalet. Le meurtre de ce malheureux, dont l'auteur ne fut connu qu'ultérieurement, paraît avoir été le résultat d'une erreur.
2. Documents judiciaires. Archives de la cour de Riom.

main, la veuve de Meynier, rentrant dans la ville après avoir erré plusieurs jours dans les environs, apprit son malheur de la bouche de femmes qui la cherchaient pour la rassurer et qui la prirent sous leur protection, mais en lui déclarant que le supplice des siens était mérité et qu'elle porterait le deuil « de trois brigands ». Elle arriva enfin chez elle, et put constater le pillage de sa demeure.

Dans la même soirée, un vieillard nommé Court fut assassiné dans son lit. Son fils, ancien soldat, avait le matin même quitté Uzès pour se rendre aux eaux de Vals, dans l'Ardèche. Quand il revint deux mois plus tard, il rencontra Graffand, son ancien camarade de régiment, qui lui devait la vie et qui, après lui avoir dit qu'il n'était pour rien dans la mort de son père, lui offrit aide et protection, et ajouta :

« Tous les bonapartistes, protestants ou catholiques, mourront de ma main, y compris les enfants.

— Je suis protestant, répliqua le fils Court; ta protection ne peut être franche.

— Voici deux pistolets. Il y en a un pour toi, un pour les autres.

— Donne donc, tu verras si je sais mourir.

— Tu ne m'as pas compris, reprit Graffand, ce pistolet est pour te défendre et non pour te tuer. Je n'oublie pas qu'autrefois je t'ai dû mon salut. »

C'est le seul trait que les documents officiels nous fournissent à l'éloge de Graffand. En revanche, que de crimes ils nous révèlent! Dans la même nuit, un homme et trois femmes sont encore assassinés[1]; les pillages s'étendent à dix maisons; de toutes parts fuient des malheureux poursuivis et menacés. La part de Jean Graffand est considérable dans ces forfaits, constatés par des actes judiciaires qui sans doute ne les ont pas tous relatés[2].

Les détails qui précèdent permettent de se rendre compte de la terreur qui règna dans Uzès durant cette nuit. Le matin venu, ce fut pis encore, et un crime plus épouvantable vint en accroître l'horreur. En quittant la prison dans laquelle il était resté détenu pendant quelques heures, Graffand avait proféré des menaces contre les prisonniers qui s'y trouvaient et qu'il avait terrifiés. Le portier de la prison, un honnête homme nommé Pichon, partageait leurs appréhensions. Elles furent confirmées par la visite du commissaire de police qui se présenta au milieu de cette nuit terrible, afin d'obtenir la mise en liberté d'un prisonnier auquel on n'avait rien à reprocher et qu'on n'avait emprisonné que pour le soustraire aux fureurs populaires déchaînées contre lui parce qu'il n'était pas royaliste. Ce magis-

1. Pierre Roche, veuve Roche, femme Artaud, demoiselle Gautier.

2. Il est à remarquer que les écrivains locaux ont essayé de laver Graffand de ces crimes odieux comme de ceux qu'il nous reste à raconter, et d'en attribuer la responsabilité à un protestant, David Daumont. Cet individu ne figure dans la volumineuse procédure qui a passé sous nos yeux que comme témoin *à décharge*, ce qui permettrait tout au plus de supposer qu'il a été l'un des complices de Graffand, mais n'enlèverait rien à l'infâmie des actes qui ont valu à Quatretraillons sa réputation.

trat ne dissimula pas les périls qui, selon lui, menaçaient les détenus. Aussi, après avoir remis entre ses mains, au risque de se compromettre, l'individu qu'il s'agissait de sauver, le portier Pichon se décida à aller invoquer pour les autres la protection du commandant de place[1]. Admis en présence du représentant de l'autorité militaire, Pichon lui fit part de ses craintes, et le dialogue suivant eut lieu entre eux :

« Pichon, voulez-vous périr?

— Non, monsieur.

— Eh bien! ni moi non plus. Ces gens doivent être fusillés à dix heures.

— Par quel ordre?

— Sans ordre; mais n'essayez pas de l'empêcher; il y va de votre vie.

— Si je les livre, je me compromettrai.

— Le peuple le veut; vous n'avez rien à craindre. »

A dix heures précises, des gens armés, conduits par Graffand, vinrent pour s'emparer de six personnes, — trois catholiques et trois protestants, — qu'on désigna par leurs noms à Pichon[2]. Le portier se défendit, exigea un ordre écrit, et se fit

1. Cinquante-six ans plus tard, sous le régime de la commune, le brave Pichon, dont nous sommes heureux de restituer le nom à l'histoire, devait avoir de courageux imitateurs dans les prisons de Paris, ainsi que M. Maxime Du Camp nous l'a appris dans un récit pathétique. Quant au commandant de place, la mort le préserva du châtiment qu'avait mérité son insigne lâcheté.

2. C'étaient les nommés Jean Armentier, Th. Ribaud, P. Martin, Jean Dupiac, cultivateurs, François Béchard, ancien maire d'une commune voisine, et Brémond, le messager du général Gilly.

traîner chez le commandant de place qui le lui refusa en disant :

« Obéissez, le peuple le veut. »

Dépourvu de tout moyen de défense, Pichon dut laisser emmener ces malheureux qui furent conduits au supplice, deux par deux, et fusillés sur l'esplanade, sans que personne tentât de les arracher aux mains des assassins, à l'exception d'un prêtre, l'abbé Payen, qui se traîna aux pieds de ceux-ci, mais ne put les attendrir.

Pendant qu'on mettait à mort les deux premiers prisonniers, un des autres était parvenu, avec l'aide de Pichon, à se cacher dans une cellule. Il fut dénoncé par un détenu condamné à un an d'emprisonnement pour escroquerie et qu'on menaça de mort pour le faire parler. Quand les exécutions furent terminées, les assassins revinrent vers la prison pour y trouver d'autres victimes, en disant : « Il ne faut pas qu'un seul de ces brigands puisse s'échapper ». Mais, cette fois, Pichon fut assez heureux pour sauver les individus confiés à sa garde, en alléguant que le juge d'instruction ne les avait pas encore interrogés.

« On n'aura rien à nous reprocher, objecta Graffand en se retirant; il y avait trois catholiques et trois protestants. »

A la suite de cet événement, la ville resta sous l'empire d'une stupeur qui se prolongea pendant plusieurs jours. Ainsi, à Uzès comme à Nîmes, la faiblesse des autorités favorisait la criminelle audace des scélérats. Elle justifiait en même temps l'irritation des communes voisines. Une conflagration devenait imminente, car les masses étaient prêtes à en venir aux mains.

Les Autrichiens occupaient alors la Provence et le Languedoc; mais ils n'avaient pas encore pénétré dans le Gard. L'état du département les décida à intervenir. Le département des Bouches-du-Rhône étant écrasé par l'occupation, le préfet de Marseille ne fit aucun effort pour les détourner d'un dessein qui donnait à la cause de l'ordre dans le Gard un pareil secours et allégeait les contrées provençales de l'entretien de cinq mille ou six mille hommes. M. d'Arbaud de Jouques protesta en déclarant que ses administrés, obérés, ne pourraient pourvoir aux dépenses de l'occupation. Mais les Autrichiens ne tinrent aucun compte de ses plaintes, et, le 23 août, ils entraient dans Nîmes, sous les ordres du général prince de Stahremberg, précédés d'une proclamation de ce dernier, disant qu'il venait « pour assurer la tranquillité et la sécurité, dans toutes les parties du département, à chaque bon habitant du Languedoc, de quelque classe et de quelque religion qu'il fût ». Le préfet se vit obligé de lever aussitôt une contribution additionnelle de 20 centimes au principal de l'impôt foncier. Mais, quelques jours après, il parvint, par son énergie, à épargner au département la lourde charge de l'habillement de cinq mille hommes que le comte Choteck, intendant général, entendait lui imposer.

« Vous me ferez un bien sensible plaisir, disait le comte Choteck, à la fin d'une lettre d'ailleurs très courtoise, en m'épargnant des mesures de force désagréables auxquelles j'ai été autorisé et que je devrais employer, bien malgré moi, sous ma responsabilité personnelle. » A cette mise en demeure le préfet répondit par une fin de non-recevoir que justifiait la misère publique constatée par la chambre de commerce. Puis il ajoutait : « Il me serait impossible de jamais présumer que de si braves troupes et d'une nation renommée pour sa loyauté, qui se sont présentées au milieu d'une population accablée de tous les maux comme des protecteurs et des alliés, et ont été reçus et traités comme tels, puissent abandonner un rôle si honorable et même si utile pour elles. Quant à moi, premier magistrat, institué par le roi mon maître, chef de ce département, lorsque j'ai accepté une mission si pénible, dans des circonstances si orageuses, j'ai dévoué totalement dès lors au service de mon roi et au salut de la portion de ses peuples qu'il confiait à mon administration mes intérêts personnels, mon indépendance, ma liberté, ma vie même, et à côté de si grands devoirs, tous ces objets m'ont paru bien peu de chose et me sont devenus fort indifférents[1] ». Aussi habile que l'autorité civile était ferme, l'autorité militaire put faire partir pour Cette tout le matériel militaire qui se trouvait

1. Archives nationales.

sur le passage des Autrichiens et dont ils étaient pressés de s'emparer.

Malgré leurs exigences, qui ne cessèrent que lorsqu'ils partirent, le préfet du Gard dut se féliciter dès le lendemain de leur arrivée d'avoir à sa disposition cette force imposante, étrangère aux passions des deux partis. Ce jour-là, un escadron des chasseurs d'Angoulême, dirigé de Nîmes sur Alais, afin de faire de la place aux troupes étrangères et commandé par M. de Saint-Victor, fut menacé en route par une bande de paysans de la commune de Ners, située à cinq lieues du chef-lieu, rendez-vous des divers détachements des gardes nationales de la Gardonnenque et des Cévennes. Le capitaine de Cabrières s'avança au-devant d'eux pour les haranguer et les inviter à se disperser. L'ancien maire de Ners s'était joint à lui. Ils tuèrent ce dernier ainsi qu'un cavalier et blessèrent assez grièvement l'officier. L'escadron composé de jeunes soldats n'osa tenter de passer. Les uns se refugièrent à Uzès, les autres revinrent à Nîmes où l'on craignit une marche en avant des bandes exaltées par ce facile succès, et poussées par quelques chefs inconnus. Le préfet publia alors un arrêté dans lequel signalant, comme la cause de ces désordres, la présence dans la Gardonnenque d'un grand nombre de déserteurs et de fédérés de Nîmes, de Montpellier, d'Avignon, d'Arles et de Tarascon, il prescrivait l'envoi sur les lieux d'une force royale, appuyée par les Autrichiens, chargée de chasser des communes les étrangers et de réorganiser partout les gardes nationales. En exécution de cet arrêté, huit cents Tyroliens, sous les ordres du général de Stahremberg, sortirent de Nîmes, avec les chasseurs d'Angoulême. Au delà de Ners, ils trouvèrent les rebelles rangés en bataille, qui tirèrent sur eux en les voyant, leur tuèrent quatre soldats et en blessèrent neuf. Une charge générale dispersa ces guerriers improvisés. Ils laissèrent soixante des leurs sur le sol et trois prisonniers aux mains des Autrichiens. Ramenés à Nîmes le 25 août au matin, jugés en quelques instants par une cour martiale, ces trois individus furent fusillés sur l'ordre du général de Stahremberg qui prévint le marquis d'Arbaud de Jouques qu'il les avait traités conformément au code militaire autrichien, non comme des prisonniers de guerre, mais comme des révoltés. Pendant ce temps, la colonne autrichienne parcourait la Gardonnenque et la Vaunage, en chassait les meneurs, et désarmait les bandes. Quatorze individus furent encore fusillés pour avoir voulu leur résister[1]. Les Autrichiens qui, sous prétexte d'aider à rétablir le calme dans les contrées du Midi, ne cherchaient qu'à s'avancer jusque vers les Pyrénées, occupaient à la fin du mois d'août tout le département du Gard, menaçant l'Hérault et la Lozère. Pour arrêter leur marche, il fallut l'intervention ferme et directe du

1. Rapports du préfet. Archives nationales.

duc d'Angoulême qui obtint d'abord qu'ils n'iraient pas plus loin, et ensuite qu'ils évacueraient le département.

Cette même journée du 25 août fut signalée à Uzès par un nouveau crime de Jean Graffand. Durant la soirée de la veille, Trestaillons était arrivé dans cette ville, et son arrivée coïncidant avec la marche des Autrichiens sur Ners, les autorités craignirent avec raison qu'elle servît de prétexte à quelque conflagration, surtout si, à la faveur de l'agitation générale, Jacques Dupont et Jean Graffand parvenaient à s'entendre pour frapper encore des innocents. N'osant arrêter ce dernier, elles résolurent de l'éloigner. A dix heures du soir, il reçut l'ordre de se porter à la rencontre des Autrichiens et de se mettre à leur disposition comme éclaireur. Il accepta cette mission, s'adjoignit trente-cinq hommes, se fit délivrer dix paquets de cartouches, un drapeau blanc et partit, monté sur le cheval d'un pasteur protestant, qu'il venait de dérober. Au delà d'Uzès, il changea d'itinéraire, et au lieu de chercher à rejoindre les Autrichiens, il se porta sur la commune de Saint-Maurice, dont les habitants avaient organisé des patrouilles pour se garder. Une de ces patrouilles entendit le bruit de la troupe de Graffand et se replia sur le village; mais elle fut poursuivie et atteinte avant d'y rentrer.

« Rendez les armes, lui cria-t-on, on ne veut vous faire aucun mal. »

Six de ces pauvres gens se laissèrent désarmer

et arrêter, tandis qu'au cri de *Qui vive!* qui leur était adressé, les autres répondaient : « Patrouille de Saint-Maurice. »

A ces mots, Graffand ordonna une décharge générale qui ne les atteignit pas. L'un d'eux fit alors quelques pas en avant pour reprocher à Graffand sa conduite :

« Qui êtes-vous? demanda celui-ci.

— Je suis royaliste.

— Bah! vous vous dites tous royalistes aujourd'hui », répliqua le brigand.

Il déchargea son pistolet sur le paysan qui tomba baigné dans son sang. Ses compagnons prirent la fuite. Graffand ne jugea pas opportun de les poursuivre et se dirigea, suivi de ses prisonniers, vers la commune de Montaren où il arriva au lever du jour et où ses hommes voulurent s'arrêter pour manger.

A défaut d'auberge, ils envahirent une maison où ils ne trouvèrent qu'une femme qui leur déclara qu'elle était hors d'état de les nourrir.

« Donne toujours ce que tu as, lui répondit-on; il t'en restera bien assez pour vivre jusqu'à demain. Nous viendrons te chercher ton mari et toi, et vous subirez le sort de ceux que nous conduisons. »

Elle dut obtempérer à leur volonté. Tandis qu'elle les servait, elle reconnut un de ses cousins parmi les prisonniers et eut le courage de demander sa mise en liberté.

« Allons donc! s'écria Graffand, c'est le pire de tous! »

Un de ses compagnons ajouta :

« Nous allons les fusiller ici. »

Cette menace répandue dans le village fit accourir le curé, l'abbé Goirand de Labaume, qui intercéda pour les prisonniers.

« On ne doit pas se faire justice soi-même, dit-il; s'ils sont coupables, la justice les punira.

— Ils ont mérité de mourir, monsieur le curé, s'écria Graffand, mais par égard pour vous, je consens à retarder leur supplice jusqu'à Uzès. »

Puis, il remonta à cheval et donna l'ordre du départ, après avoir enjoint au crieur public de marcher devant lui, avec son tambour. On se mit en route. Les prisonniers étaient attachés deux par deux, à l'aide d'une corde que Graffand s'était fait donner par un épicier, en lui disant :

« L'empereur te payera quand il passera. »

La troupe arriva dans Uzès à sept heures. Au bruit du tambour, la foule accourut, et comme Graffand disait qu'il allait en finir avec les ennemis du roi, elle suivit ces malheureux, en les couvrant de menaces et d'injures. Quelques chasseurs d'Angoulême qui se trouvaient là, formèrent l'état-major de Jean Graffand. Le cortège arriva ainsi sur l'une des places publiques d'Uzès, où une fusillade générale dirigée brusquement dans le tas des prisonniers les mit à mort. Un témoin a tracé devant le juge d'instruction un tableau saisissant de cette scène, qui nous montre les victimes expirant dans d'atroces convulsions, au milieu des cris de joie d'une plèbe féroce et une douzaine de cavaliers caracolant autour d'eux dans un nuage de poussière et de fumée [1].

Cette tragédie marqua la fin des désordres d'Uzès, où les Autrichiens qui occupaient la Gardonnenque envoyèrent, le 28 août, un détachement. Le marquis d'Arbaud de Jouques prit publiquement l'engagement de réprimer les passions dans tous les partis, et de punir les actes arbitraires quels que fussent leurs auteurs. Il ordonna au comte de Vogüé d'arrêter Jean Graffand et de l'envoyer à Montpellier, de dissoudre les bandes armées, de réorganiser la garde nationale. Ces mesures, hélas! trop tardives, appuyées par la proclamation royale du 1er septembre, mirent un terme aux collisions. Quant à Jean Graffand qui s'était retiré d'abord chez sa mère, et puis dans la commune de Pougnadorès qu'il habitait, il y resta un mois, sans être inquiété. Ce ne fut que vers la fin de septembre qu'on se décida à l'arrêter. Le 27, dans la nuit, des gendarmes se présentèrent à son domicile. A leur

1. Ce récit, qui dément toutes les versions précédentes, a été rédigé à l'aide des documents judiciaires qui ont passé dans nos mains. Le même dossier contient une lettre indignée du préfet du Gard au sous-préfet d'Uzès, s'étonnant que dans une ville où d'honnêtes gens, au nombre de six cents, étaient armés, personne n'ait osé arrêter Jean Graffand, avant ou après le crime, et que pour l'empêcher de troubler l'ordre, on n'ait rien trouvé de mieux que de lui mettre en main les moyens de consommer de nouveaux meurtres.

approche, il se mit à une croisée de sa maison, armé d'un fusil et de deux pistolets, en criant qu'il ne se rendrait pas. On l'eut cependant, sans coup férir, et on le dirigea sur Montpellier où il fut mis en détention.

A Nîmes, la fin d'août et le mois de septembre s'étaient écoulés sans trouble, ce qui ne voulait pas dire que les esprits fussent apaisés. Le préfet écrivait alors au ministère de l'intérieur : « L'autorité royale est partout reconnue; il n'y a plus un hameau où ne flotte le drapeau blanc. Mais tous les esprits y sont partout dans la plus vive agitation et les partis s'observent avec une profonde inquiétude. Chaque changement d'autorité, chaque acte de sa part, quelque mesure que ce soit excite une passion ou fait naître une inquiétude. Ce département est le seul du royaume où le protestantisme forme un parti politique. Il renferme dans son sein d'excellents royalistes; mais la généralité de ce parti est antiroyaliste. Je ne dois pas l'abandonner aux fureurs d'une réaction qu'il n'a que trop provoquée et les efforts que je fais pour arrêter ces éléments réactionnaires peuvent éloigner de moi la confiance de la majorité dans la classe du peuple et lui faire méconnaître dans l'autorité du préfet celle du roi[1] ». Le 5 septembre, toutes les communes étaient désarmées, envoyaient des adresses de soumission et le préfet ajoutait : « Tout est aujour-

1. Archives nationales. Dossier des événements du Midi en 1815.

d'hui soumis et calme; mais rien n'est éteint. Un souffle peut rallumer le double incendie de la révolte chez les factieux et de brigandage dans la population oisive et misérable qui, sous le prétexte de vengeances réactionnaires, s'est livrée à des excès de pillage qui ont tant d'appas pour elle ». Puis il annonçait qu'il avait fait arrêter quelques-uns des coupables; mais il déplorait l'absence des tribunaux, l'inaction du ministère public. En même temps, il prodiguait les proclamations. « Rendez votre monarque heureux; mais soyez assurés qu'il ne peut l'être qu'en voyant habiter parmi vous la paix et la justice. Les cheveux du roi ont blanchi sur sa tête sacrée, agités pendant vingt-cinq ans par les orages de vos adversités. N'est-il pas temps enfin de verser quelques consolations dans le cœur de notre père! Immolons à ses pieds le souvenir de nos maux qu'il veut finir, nos passions que ses royales vertus condamnent, nos ressentiments désormais inutiles, puisque le repentir trouve grâce à ses yeux; nos vengeances désormais sans honneur, puisqu'il n'y a plus de résistance. »

Ce langage n'avait que le tort de manquer d'énergie et attirait à son auteur cette observation ministérielle : « J'ai lu votre proclamation. J'aurais désiré un style un peu plus nerveux et l'expression plus prononcée du mécontentement de l'autorité et de sa sévérité[1] ». Quelques jours après, il recevait

1. Archives nationales. Dossier des événements du Midi en 1815.

encore une lettre confidentielle ayant pour but d'exciter son zèle et dans laquelle nous relevons ce passage : « On m'assure qu'un des principaux auteurs des troubles qui ont eu lieu dans votre département est encore en pleine liberté et qu'il se promène dans votre ville. Son nom est Trestaillons. Il paraît qu'il est coupable de grands crimes. Si les faits sont tels que la voix publique les indique, je pense que vous vous occuperez de prendre les mesures convenables pour le faire arrêter et traduire devant les tribunaux [1] ». L'autorité n'osa obtempérer immédiatement à cet ordre, tant elle redoutait l'influence de Trestaillons et des personnes qui le défendaient. Comment aurait-on osé l'arrêter quand des royalistes se plaignaient de voir « les ennemis du roi impunis », et menaçaient de se faire justice; quand, tous les jours, on menaçait la citadelle dans laquelle quelques malheureux étaient enfermés comme suspects d'esprit révolutionnaire; quand, en un mot, une partie de la population ne respirait que vengeance [2]?

On était alors à la fin de septembre. Depuis dix jours, les Autrichiens avaient à l'improviste évacué

1. Archives nationales. Dossier des événements du Midi en 1815.

2. Des officiers de l'armée impériale détenus en prison ayant été par prudence transportés à Montpellier, furent attaqués au sortir de Nîmes. Une de leurs voitures fut brisée et leur vie courut de sérieux périls. Le général de Briche commandant la division n'osait faire fusiller quelques scélérats, ne sachant quel effet produirait cette exécution. Tout le département était en proie à la même anarchie. Le registre du commissaire général de police révèle chaque jour des pillages et des excès odieux.

la ville de Nîmes et le département, pour retourner en Provence, se contentant de laisser quinze cents hommes au Pont-Saint-Esprit et à Beaucaire, afin de garder le passage du Rhône. On pouvait craindre que leur brusque départ ne donnât lieu à de nouveaux troubles. Il n'en fut rien cependant. Il est vrai que le commandement militaire avait été confié à un soldat énergique, le comte Auguste de Lagarde [1] dont la carrière militaire s'était passée au service de la Russie, en qualité d'aide de camp du duc de Richelieu. Le dévoûment de l'autorité n'avait jamais été plus nécessaire.

Vers le 15 octobre, le bruit se répandit que Trestaillons allait être emprisonné; en même temps, le procureur du roi, cédant, par une faiblesse injustifiable, aux sollicitations incompréhensibles de plusieurs citoyens honorables, faisait mettre en liberté, sans en avertir le général, dix individus arrêtés, le mois précédent, comme pillards, dans les environs de Nîmes, et que ce dernier avait donné l'ordre de traduire devant un conseil de guerre, et de fusiller dans les vingt-quatre heures, s'ils étaient condamnés. Leur retour coïncidant avec une rumeur menaçante pour le plus compromis des

1. Daniel Stern (Mme d'Agoult) a laissé dans ses *Souvenirs* un touchant portrait de ce général, qui fut aussi un habile diplomate, et qui, dans l'âge mûr, conçut pour celle qui s'appelait alors Mlle de Flavigny, une passion profonde, presque partagée, à en croire ce cri de Mme d'Agoult, vieillie et désenchantée : « Avec quelle amertume, dans le long cours des ans, je me suis accusée et repentie de n'avoir pas écouté la voix de mon cœur ».

fauteurs de désordre provoqua un commencement d'émeute. Le 16 au matin, une maison protestante fut pillée dans un faubourg. Des patrouilles parcoururent la ville, et dans la soirée, elles essuyèrent plusieurs coups de feu. A dix heures, la générale fut battue sans ordre, les rues se trouvèrent subitement remplies d'hommes armés qui ne savaient vers quel lieu ils devaient se transporter. Le général de Lagarde étant monté à cheval, parcourut le faubourg où il apprit qu'un faiseur de bas[1] venait d'être assassiné dans sa maison, littéralement haché à coups de sabre. On parvint enfin à réunir les détachements errants de la garde nationale et lorsqu'on se fut convaincu que la sécurité publique n'était pas menacée, on les renvoya dans leurs quartiers. Un autre crime, connu seulement le 17 octobre au matin, vint accroître les appréhensions causées par cette nouvelle tentative d'émeute. Une bande de six hommes s'était présentée au domicile d'un ouvrier en soie[2], marié et père de quatre enfants, l'avait entraîné loin de son domicile et fusillé malgré les prières et les larmes de sa famille[3]. Cette bande avait voulu arrêter aussi un cultivateur et, ne l'ayant pas trouvé chez lui, s'était vengée sur sa femme, en la blessant grièvement.

L'effroi des habitants fut profond; mais il s'apaisa

1. Lafond.
2. Lichaire.
3. C'est en 1820 seulement que Servant, dit le Camp, reconnu coupable de ce meurtre, fut condamné à mort et exécuté.

quand ils apprirent que, durant cette même nuit, Trestaillons avait été mis dans l'impuissance de nuire. Peu de temps avant, assistant à une course de taureaux dans les arènes, il avait été provoqué par un individu qui, ayant eu à souffrir de ses violences, voulait le tuer. Comme il refusait de se battre, en se retranchant derrière son grade de capitaine de la garde nationale, l'autre l'avait blessé au ventre avec la pointe d'un sabre. La blessure n'était pas grave[1]; mais elle avait cloué Trestaillons au lit pendant cinq semaines et les troubles du 16 octobre coïncidèrent avec son rétablissement. On le vit durant la journée et le soir dans divers quartiers de la ville. Le comte de Lagarde voulut en finir avec le scélérat, et, profitant du déploiement des forces mises sur pied cette nuit-là, il donna l'ordre de l'arrêter, après avoir au préalable fait braquer une pièce de canon sur le boulevard où l'arrestation paraissait devoir être opérée. Ce fut là, en effet, qu'on trouva Trestaillons, sortant d'un cabaret, tenant les propos les plus violents contre ceux qui essayaient d'entraver les vengeances royalistes. Appréhendé au corps avec un garde national qui plus tard fut reconnu seulement coupable de s'être trouvé en sa compagnie, il fut mis en voiture séance tenante, et expédié à Montpellier sous bonne escorte. Le lendemain, comme on redoutait que la nouvelle de

1. Rapport du baron Larrey. Archives du Gard.

cette arrestation n'engendrât de nouveaux désordres, on emprisonna les pillards précédemment mis en liberté, et avec eux Truphémy qu'on eut le tort de laisser sortir de prison peu après, et qui n'expia ses crimes que cinq ans plus tard.

C'est à l'occasion des événements du 16 octobre que le général de Briche écrivait de Montpellier : « Je vois clairement les moyens affreux que la canaille, sous le manteau du royalisme, emploie pour se porter à tous les excès et en rejeter le blâme sur les bonapartistes qui ont déjà bien assez de leurs propres fautes.... Le but bien connu de ces prétendus royalistes et faux partisans du roi n'est autre que le pillage et le sac des maisons protestantes qui seules font plus des deux tiers des affaires commerciales de cette ville et entretiennent par leur fabrication une population de douze à quinze mille âmes[1] ». Le ministre de la guerre lui répondait : « Dans de semblables circonstances, toutes les autorités locales devront réunir leurs efforts pour le maintien de l'ordre, bien sûres d'être approuvées par le gouvernement dans les mesures de rigueur qu'elles auront prises. L'intention de Sa Majesté est qu'on poursuive avec sévérité, sans acception d'opinion, tout individu qui aura attenté à la tranquillité publique[2] ».

Dans la longue série de crimes que nous venons de raconter, les protestants du Gard avaient été

1. Archives nationales. Dossier des événements du Midi en 1815.
2. Archives du dépôt de la guerre.

cruellement éprouvés. Sans affirmer qu'ils eussent été les seules victimes des passions locales, on peut dire que c'est leur sang surtout qui avait été versé. L'Europe s'était émue; plusieurs voix s'étaient élevées pour demander vengeance. Le gouvernement comprit qu'il devait une éclatante réparation à des citoyens injustement frappés et longtemps menacés dans leur vie et dans leurs biens. Par l'ordre du roi, le duc d'Angoulême se rendit à Nîmes, afin de prêcher la concorde. Le consistoire protestant se présenta à lui, invoqua sa protection et obtint la promesse que les temples fermés depuis plus de quatre mois seraient enfin rouverts. Le prince, en faisant cette réserve, demanda à tous les citoyens « d'obéir aveuglément au roi et de concourir par leur soumission au maintien de la paix publique ». Il se prononça avec énergie contre toute réaction nouvelle.

Malheureusement, le jour même où il quitta Nîmes une rixe, survenue dans la commune de Calvisson entre des gardes nationaux et des paysans, qui coûta la vie à un homme, vint démontrer l'inefficacité de ses conseils. Le général de Lagarde, qui l'avait accompagné à Montpellier, revint à Nîmes le 12 novembre pour présider au rétablissement du culte protestant fixé à ce jour. Des précautions militaires avaient été prises. A dix heures, on vit le pasteur Juillerat, président du consitoire, traverser la ville, en compagnie du maire, pour se rendre au temple. Tous les protestants se dirigeaient du même côté; quelques-uns, en signe de joie, portaient des branches de laurier. Une grande foule stationnait aux abords de l'édifice; elle était malveillante, et, malgré les gendarmes, insulta les fidèles, les menaça, en disant : « Entrez, entrez! vous ne sortirez pas! » Néanmoins la cérémonie commença, et le pasteur Juillerat était en chaire quand tout à coup les cris du dehors se transformèrent en railleuses vociférations. Puis une troupe de forcenés pénétra dans le saint lieu, la menace dans les gestes et sur les lèvres. Les femmes, éperdues, se précipitèrent vers la sacristie pour y chercher un refuge. Malgré les efforts du pasteur pour les rassurer, il y eut un moment de panique. Heureusement, les gendarmes entrèrent dans la nef et chassèrent les fauteurs de désordre[1].

Pendant ce temps, au dehors, le comte de Lagarde, accouru à cheval, essayait de rétablir l'ordre et haranguait le peuple, que le maire n'avait pu apaiser. C'est dans ce moment et comme il était pressé par la populace dans une rue étroite, qu'un courtier en soie, le nommé Boissin, dirigea sur lui un pistolet et tira à bout portant. La balle entra dans la clavicule. Le général se crut perdu. Il put cependant regagner l'hôtel de la subdivision et s'alita, après avoir confié le commandement au colonel de gendarmerie. L'exaltation des esprits

1. Archives nationales. Dossier des événements du Midi en 1815.

était telle que le général de Briche, accouru de Montpellier à Nîmes à la nouvelle du malheur dont le général Lagarde était victime, se vit arrêter aux portes de la ville, par un poste de gardes nationaux avec les façons les plus acerbes et des paroles injurieuses. Ce douloureux événement épouvanta même les plus ardents meneurs et prévint sans doute des malheurs plus grands. Le comte de Lagarde fut la seule victime de cette journée; mais les attroupements ne se dispersèrent pas. Les protestants, rentrant chez eux, furent insultés une fois de plus. Leurs femmes durent cacher le saint-esprit d'or qu'elles portaient sur leur poitrine. Quand le temple fut vide, quelques énergumènes enfoncèrent la porte, déchirèrent les livres saints, brisèrent les chaises, et l'on entendit ces exaltés dire : « C'est à recommencer! Trop de précipitation a tout fait manquer ».

A la nouvelle de ces événements, le duc d'Angoulême, qui se dirigeait vers Toulouse, s'était hâté de revenir sur ses pas. Il arriva dans Nîmes le 15 novembre, fit entendre des paroles sévères, refusa les honneurs qu'on voulait lui rendre et renvoya l'escouade de gardes nationaux qui venait se mettre à son service. Sa présence permit de désarmer les compagnies irrégulières, de reconstituer définitivement la garde nationale et de rendre au culte protestant une entière liberté. L'agitation devait se prolonger longtemps encore; mais du moins le règne des excès était fini.

VI

Le récit rigoureusement exact qu'on vient de lire serait incomplet si nous n'indiquions en le terminant quelle suite fut donnée par la justice aux crimes qui, du mois d'avril au mois de novembre 1815, avaient ensanglanté le département du Gard. Bien qu'il soit impossible d'établir d'une manière précise le nombre des victimes de cette époque, on arrive, en calculant avec la modération qui convient à la recherche de la vérité, à un total d'environ cent trente personnes, y compris, d'une part, les volontaires royaux tués pendant les Cent-Jours, et, d'autre part, d'abord les individus assassinés par les bandes de Trestaillons, de Quatretaillons et de Truphémy, ensuite ceux qui tombèrent sous les balles autrichiennes, et ceux enfin qui périrent dans les combats où les forces des deux partis se trouvèrent aux prises. Ce chiffre, encore qu'il diffère essentiellement des évaluations exagérées de divers historiens, est néanmoins tristement éloquent, surtout si l'on songe que les protestants, parmi lesquels figuraient les ennemis du roi, y comptent pour la plus large part et eurent pour bourreaux des hommes qui parlaient et agissaient au nom des royalistes. Il donne la mesure des passions déchaînées en ces jours néfastes. Cependant, quelle qu'eût été l'ignominie de tant de forfaits, un châtiment solennel, une répression immédiate, auraient dégagé le gouvernement de la Restauration de la responsabilité qu'on entendait faire peser sur elle. Il lui était aisé de démontrer qu'elle n'avait rien négligé pour arrêter l'effusion du sang et pour rétablir l'ordre public. Les lettres ministérielles en font foi, et c'est avec raison que le marquis d'Arbaud de Jouques, préfet du Gard, dans la brochure qu'il publia ultérieurement pour justifier sa conduite, invoque à sa décharge le vote du conseil général qui, en juin 1816, approuva ses actes à l'unanimité de ses treize membres, dont six étaient protestants. Mais ce qui souleva la conscience nationale, ce qui a pesé lourdement depuis un demi-siècle sur les hommes mêlés à ces dramatiques péripéties, c'est la lenteur avec laquelle vint le châtiment et la faiblesse qui le rendit incomplet.

Tous les faits de la réaction de 1815 ont mérité une critique analogue. Les assassins de Marseille demeurèrent impunis; ceux de Toulouse ne furent traduits devant les tribunaux qu'à la fin de 1817; ceux d'Avignon qu'en 1821. Quant aux chefs des bandes du Gard, le châtiment pour eux fut encore plus lent à venir. Sans doute les parquets avaient reçu l'ordre de poursuivre d'office. Mais ils exigèrent que les familles des victimes se portassent partie civile. Ce fut pour les criminels un titre à l'impunité. En outre, il y avait entre cette manière de procéder et celle qu'on employait vis-à-vis des adversaires de la Restauration une différence inique et révoltante. Ney, Labédoyère, Mouton-Duvernet, Chartran, les frères Faucher, étaient tombés depuis longtemps sous l'ardeur de colères impitoyables, et les meurtriers du Midi goûtaient toujours les bienfaits de la liberté; les meurtriers d'Arpaillargues étaient montés sur l'échafaud; on avait exécuté cinq gardes nationaux de Montpellier accusés d'avoir tiré sur le peuple royaliste le 30 juin 1815, et Trestaillons, Quatretaillons et leurs complices semblaient s'être mis au-dessus des lois et n'avoir plus rien à redouter d'elles. Empressés à frapper les uns, les tribunaux n'osaient poursuivre les autres que protégeaient, il est vrai, des complaisances qui ne peuvent s'expliquer que par l'effroi que, même après tant de sang versé, les assassins inspiraient encore. Une étude rapide des procédures fournit à cet égard des arguments péremptoires et justifie ces paroles prononcées un jour à la tribune française : « La terreur avait glacé les témoins ».

Les crimes commis dans Nîmes et dans Uzès étaient, pour la plupart, des crimes anonymes. On désignait tout bas ceux qui y avaient participé, mais personne n'osait les dénoncer publiquement, et quand quelques hommes de cœur avaient le courage de les signaler à la vindicte publique, il se trouvait des fanatiques pour les défendre. C'est ce qui arriva pour le courtier Boissin, l'auteur de la tentative d'assassinat commis sur le général comte de Lagarde. Depuis le 12 novembre, il avait disparu, et, bien que le préfet eût promis trois mille francs à quiconque le livrerait à la justice, il put pendant neuf mois rester caché chez des paysans de l'arrondissement d'Arles et se soustraire à toutes les recherches. Enfin, en 1816, il fut arrêté dans cette ville et enfermé dans le château de Tarascon. L'instruction commença aussitôt, et il est remarquable que l'inculpé trouva des protecteurs qui tentèrent, mais en vain, de plaider sa cause à Paris. Renvoyé devant la cour d'assises du Gard, il y comparut le 2 février 1817. Les membres du jury avaient été choisis avec soin parmi des fonctionnaires que l'on croyait étrangers aux passions locales et au nombre desquels on voit figurer plusieurs protestants. Mais, ardemment royalistes, ils étaient accessibles aux prières des uns, aux menaces des autres. L'excitation qui régnait dans la ville avait nécessité les plus énergiques mesures. Tant que dura le procès, les troupes, sous divers prétextes, restèrent sur pied, et le commandant de la division vint s'établir à Nîmes pendant ce temps. Ces précautions aboutirent à un résultat tou opposé à celui qu'on avait espéré. L'accusation stipulait une tentative de meurtre avec préméditation. L'avocat de Boissin plaida le cas de légitime défense, et, soit que les jurés eussent subi les influences du dehors, soit que la manière dont les questions furent posées entraînât une condamnation trop rigoureuse à leur gré, ils prononcèrent l'acquittement. « Cette affaire a été menée le plus adroitement du monde par le parti, écrivait le général de Briche à la date du 10 février 1817; rien n'a été oublié. Il n'y a pas jusqu'aux gendarmes qui ont déposé à décharge. La leçon avait été si bien faite à un qu'il a dit avoir vu le général donner à Boissin quatre coups de plat de sabre, tandis que Boissin lui-même ne s'est plaint que d'en avoir reçu un ou deux. On a aussi écarté l'homme qui avait eu le courage de déposer qu'il avait entendu dire à Boissin, après avoir tiré sur le général : — Ah! coquin, je ne t'ai pas brûlé la cervelle[1]. » Dix questions furent posées au jury. La réponse fut affirmative sur deux, négative sur huit. Trois d'entre elles méritent d'être citées ici. « L'accusé a-t-il été provoqué par des coups et violences graves sans motifs légitimes? — Oui. — Était-il porteur d'une arme cachée? — Oui. — Est-il coupable d'avoir blessé un agent de la force publique pendant qu'il exerçait son ministère et à cette occasion, par un coup de pistolet qui a produit l'effusion du sang, blessure et maladie, et d'où il est résulté

1. Archives du dépôt de la guerre.

une incapacité de travail personnel pendant plus de vingt jours? — Non. » Ainsi que le fit remarquer le procureur du roi, les réponses du jury auraient dû avoir pour conséquence la mise en accusation du général de Lagarde lui-même.

Depuis, pour justifier ce jugement scandaleux, des écrivains royalistes ont tenté de faire croire que le coupable avait été menacé et provoqué par le général de Lagarde; mais ils ne l'ont pas prouvé; ils n'ont pu expliquer surtout comment et pourquoi Boissin se trouvait sur le lieu du crime, armé d'un pistolet chargé. Au surplus, le lendemain même de l'acquittement, le marquis de Vallongues, officier de marine et maire de Nîmes, fit appeler Boissin, et, après lui avoir reproché sa conduite, exprima le regret de ne pouvoir l'expulser d'une ville que sa présence déshonorait. Boissin se fit justice en s'expatriant. Le préfet, auquel on reprochait, non sans quelque raison, son indulgence, fut destitué[1]. Le garde des sceaux Pasquier provoqua et fit prononcer l'annulation de l'arrêt, dans l'intérêt de la loi, « dernière protestation de la justice méconnue », a écrit M. Guizot.

En même temps, le gouvernement ordonnait d'instruire contre Jacques Dupont et Jean Graffand, toujours détenus à Montpellier. A peine arrêtés, ils avaient été l'un et l'autre l'objet d'une manifestation ayant pour but de les faire mettre en liberté.

1. Replacé plus tard, il était en 1820 préfet des Bouches-du-Rhône.

Une pétition fut même signée en faveur de Graffand par plus de deux cents personnes appartenant à toutes les classes de la société, qui rendaient hommage à son « bon royalisme ». Ce singulier document existe au dossier de la procédure, et l'on ne peut se défendre de penser que des menaces terribles ont seules pu réunir tant de signatures honorables sous l'affirmation d'un mensonge. Des démarches analogues furent faites pour Trestaillons. Toutefois la justice tint bon et les deux scélérats furent renvoyés d'abord à Lyon, puis à Riom, devant le juge d'instruction.

Malheureusement les faits firent défaut à l'accusation. Contre Trestaillons, contre cet homme qui avouait plus tard avoir mis à mort six personnes, et, qui, — toute la ville de Nîmes le savait, — avait eu la main dans la plupart des meurtres et des spoliations que nous avons racontés, il n'y eut qu'une plainte de violation de domicile à main armée et d'arrestation arbitraire. Contre Quatretaillons, la plainte n'existait même pas. Il s'agissait seulement de savoir s'il avait ordonné l'exécution des six paysans de Saint-Maurice, fusillés à Uzès le 15 août, ou si, comme il le prétendait, la foule les lui avait arrachés et les avait frappés, malgré ses efforts pour les sauver. Dans ces conditions, l'instruction était impossible. Le 15 février 1816, le procureur du roi à Uzès écrivait : « Les éléments d'une procédure sont au pouvoir de M. le procureur général de Riom. Il n'a qu'à faire informer et il obtiendra la preuve des divers faits dont Graffand est prévenu. Mais je doute fort qu'on obtienne des dépositions directes contre lui et contre ceux de sa bande. Cette affaire, je l'ai toujours dit et écrit, est du nombre de celles qu'il ne faut pas activer. Le temps la rendra chaque jour plus facile à instruire. Mais les têtes ne sont point encore assez calmes pour qu'on puisse se promettre un résultat conforme à la vérité[1] ».

Le 31 mai suivant, le garde des sceaux Dambray écrivait à son tour : « Comme il paraît que ces crimes sont de notoriété publique, mais qu'ils n'ont pas été constatés d'une manière légale, et qu'en supposant que les officiers de police pussent indiquer des témoins, il serait fort douteux que ceux-ci voulussent dire la vérité, je sens combien il sera difficile d'obtenir dans cette affaire des preuves complètes. Quoi qu'il en soit, je vous recommande de faire commencer sans délai l'instruction sur le peu de renseignements et de pièces que vous avez déjà, sauf à demander au procureur du roi à Uzès de vous indiquer quelques témoins. Le défaut de poursuites serait encore plus scandaleux que l'impunité, quand celle-ci ne résultera pas du défaut de la justice, mais de la faiblesse ou de la lâcheté des témoins[2] ».

Ces prévisions ne furent que trop justifiées. En ce qui concernait Trestaillons, les menaces retinrent

1. Documents judiciaires. Archives de la cour de Riom.
2. *Ibid.*

les témoins à Nîmes, et, faute de preuves, une ordonnance de non-lieu fut rendue en sa faveur au mois de mars 1816 : « Il est à croire, disait le juge d'instruction, que si Dupont a la réputation qu'on lui a faite, les personnes qui ont à se plaindre de lui ne veulent pas se présenter ». Trestaillons rentra à Nîmes, y vécut méprisé, mais impuni, sans que ni la pétition indignée de l'avocat Barbaroux, en date du 14 mai 1820, ni celle de M. Madier de Montjau, ni les discours de M. de Saint-Aulaire pussent lui enlever le bénéfice de la décision judiciaire. La poursuite fut continuée contre Jean Graffand. On trouva en effet cinq témoins ayant consenti à se présenter, mais c'étaient des témoins à décharge parmi lesquels figurait un individu qui avait été, au dire de quelques contemporains, le complice le plus actif de Graffand. Leurs témoignages confirmèrent les dénégations du prévenu ainsi que les renseignements recueillis sur son compte, et force fut au juge d'instruction de rendre encore une ordonnance de non-lieu. Rien ne sert mieux à peindre l'état des esprits que cette conspiration du silence au profit d'un homme qui avait tant fait de victimes. Il rentra à Uzès. Un riche propriétaire le prit à son service, et ses forfaits semblaient destinés à l'oubli, lorsqu'en 1819, il fut poursuivi pour un délit de droit commun et condamné. Il n'était plus à craindre. Il y eut alors une explosion de plaintes dont l'unanimité obligea la justice à reprendre l'instruction, à Riom, en mars 1821. Cette fois, les témoins abondèrent. Nous avons eu sous les yeux le volumineux dossier de cette seconde procédure. Le bandit y apparaît dans toute son horreur. Sur dix-neuf chefs d'accusation, l'instruction en retint onze. Renvoyé devant la cour d'assises du Puy-de-Dôme, Jean Graffand fut condamné à mort par contumace et exécuté en effigie.

Quinze mois avant, sur la plainte de la veuve du capitaine Bouvillon, assassiné à Nîmes, le 1er août, Truphémy avait été poursuivi. L'instruction ne visait que cet unique fait, sans chercher à savoir si le prévenu n'avait pas participé à d'autres. C'était assez d'ailleurs pour entraîner une condamnation capitale qui fut en effet prononcée. Mais la Cour de cassation ayant annulé l'arrêt pour vice de forme, celle de la Drôme, jugeant la cause à nouveau, condamna le coupable aux travaux forcés à perpétuité. Truphémy fut exposé au poteau et flétri publiquement sur la place du Marché à Valence, le 27 avril 1820. A la même époque, d'autres individus étaient poursuivis pour avoir pris part aux événements de Nîmes; ils furent tous acquittés, à l'exception d'un seul, Servent, dit le Camp, que la cour de Valence condamna à mort, sur la plainte de la veuve Lichaire, dont le mari avait été massacré dans la nuit du 16 au 17 octobre. L'exécution eut lieu à Valence. La tête de Servent tomba, malgré les efforts de quelques personnes convaincues de son innocence, laquelle aurait été ultérieurement prouvée, s'il faut en croire l'affirmation du baron d'Haussez, préfet du Gard à cette époque[1].

Pour compléter le tableau des poursuites auxquelles donnèrent lieu les événements du Gard, nous devons signaler celles qui furent exercées contre le général Gilly. Après avoir tenté de soulever les Cévennes, il avait disparu. Le bruit se répandit alors, — cette version est accréditée encore aujourd'hui, — qu'il était parvenu à s'embarquer pour les États-Unis. La vérité, c'est qu'il n'avait pas quitté le département du Gard. Réfugié dans la commune de Topezargues, aux environs d'Anduze, chez un paysan protestant nommé Perrier, qui ne lui avait pas même demandé son nom, il ne le lui révéla que lorsqu'une somme de dix mille francs eut été offerte par le gouvernement à quiconque le dénoncerait. Ce paysan était pauvre; mais à dater de ce jour, Gilly lui devint encore plus sacré, et il parvint à le soustraire à toutes les recherches. Pendant ce temps, un conseil de guerre prononçait contre le général contumax la peine capitale. Un jour, lassé de sa vie de misère et préférant la mort, il alla se livrer. Mais alors, à la requête de la comtesse Gilly, sa femme, il lui surgit un protecteur puissant. C'était le duc d'Angoulême. Déjà, en 1818, ce prince avait fait gracier le général Radet, qui l'avait arrêté en 1815. En 1820, il couvrit de sa protection le général Gilly et lui fit obtenir sa grâce pleine et entière.

1. A en croire cette version, c'est le frère de Servent qui avait assassiné Lichaire.

CHAPITRE III

MARSEILLE EN 1815

I

Au commencement du mois de mars 1815, le maréchal Masséna, duc de Rivoli, prince d'Essling, commandait la 8e division militaire et résidait à Marseille, siège de son commandement. La Restauration l'avait trouvé et laissé dans ce poste où il s'était vu reléguer en 1813, au mépris de ses longs et glorieux services, par l'injuste défiance de Napoléon, qui devait cependant lui rendre plus tard un éclatant hommage en disant que Masséna était celui de ses lieutenants qui avait fait les plus grandes choses. Le vieux soldat vivait là, comme dans une sorte de retraite, usé avant l'âge par les fatigues des guerres auxquelles il avait pris part, aigri par l'ingratitude de ceux qui l'oubliaient dans sa disgrâce, après s'être faits autrefois les flatteurs de sa prospérité, et par l'indifférence qui semblait descendre autour de son nom. Les troupes placées sous ses ordres admiraient toujours en lui le vainqueur de Zurich, le défenseur de Gênes, le héros que les contemporains de ses premiers exploits avaient surnommé l'enfant chéri de la victoire; mais la population marseillaise n'éprouvait au contraire qu'antipathie et défiance pour le général intrépide, qui avait contribué à fonder la gloire impériale, dont elle aurait voulu voiler à jamais les souvenirs. Ne trouvant en lui aucun écho de ses passions effervescentes, elle subissait malaisément sa domination, irritée envers le gouvernement qui le lui avait imposé comme chef militaire, et trahissant son mécontentement par la malveillance de son attitude à laquelle le maréchal opposait un dédain à peine déguisé et un intraitable sang-froid.

C'est dans ces circonstances que la nouvelle du débarquement de Bonaparte parvint à Marseille, le 3 mars. La veille, en traversant Grasse, l'empereur avait envoyé au duc de Rivoli une estafette pour lui annoncer sa marche sur Paris. Le message impérial livra Masséna aux plus vives alarmes. Il n'était attaché par aucun lien à la dynastie des Bourbons; mais il n'aimait pas celle des Bonaparte, et son esprit sagace vit clairement les désastres que le retour de l'empereur allait déchaîner sur la France. Il résolut de se renfermer dans la stricte observation de ses devoirs militaires et d'abord garda secrète la nouvelle qui venait de lui arriver. Mais, le lendemain, 4 mars, des lettres privées la firent connaître à la population. Les ateliers furent aussitôt désertés, les travaux suspendus. Une foule fiévreuse, bruyante, ne cherchant pas à dissimuler ses ardentes passions, se répandit dans les rues et, vers le milieu du jour, vint se grouper devant l'hôtel de la division. Il y avait là des ouvriers en grand nombre, des femmes, des enfants, cette population du port portée à l'exagération, au défaut de réflexion, et dont les haines chauffées par le soleil méridional sont terribles. Des officiers et des soldats en demi-solde circulaient dans les groupes, commençant à exprimer leurs espérances, des paroles menaçantes sur les lèvres, la joie dans les yeux. Ils furent bientôt obligés de se retirer devant l'attitude hostile de la populace, qui poussait des acclamations en l'honneur du roi et appelait le maréchal à grands cris.

Retiré dans un salon au premier étage de son hôtel, Masséna attendait la fin de ce mouvement, après avoir donné l'ordre de consigner les troupes. Perplexe, troublé, il allait et venait parmi quelques officiers qui s'étaient réunis chez lui, en même temps que le marquis de Montgrand, maire de Marseille, et le marquis d'Albertas, préfet des Bouches-du-Rhône. Ces officiers, pour la plupart silencieux et attristés, attendaient la décision du maréchal. Un seul s'exprimait avec vivacité contre l'empereur. Il se nommait Toscan du Terrail et appartenait à la gendarmerie. Il demandait instamment l'autorisation de partir avec les brigades de

Marseille; il se faisait fort de rejoindre Bonaparte sur les rives de la Durance et de l'arrêter. Le maréchal ne jugea pas qu'il fût bon d'accepter ses offres et l'éloigna, en le chargeant d'une mission pour Toulon. Ce refus devait être un argument aux mains de ceux qui accusèrent ultérieurement le maréchal de s'être fait le complice de l'empereur, et tentèrent au mois de février 1816 d'obtenir contre lui des poursuites. Ce n'était pas toutefois le désir d'embrasser la cause de celui qu'on nommait l'usurpateur qui inspirait la conduite de Masséna. Sa prudence avait un autre motif. Il ne voulait pas prendre la responsabilité de la guerre civile; il espérait encore qu'on lui enverrait des ordres de Paris et qu'il pourrait les exécuter.

Cependant, au dehors, les cris de la foule redoublaient. Elle réclamait des armes. Le maréchal ouvrit alors une croisée et se présenta au peuple, un drapeau blanc à la main, en faisant signe qu'il voulait parler. Les rumeurs s'apaisèrent aussitôt. « J'ai juré fidélité à mon souverain légitime, s'écria Masséna, je ne trahirai pas mon serment. Je vais prendre des mesures pour arrêter l'ennemi. » Puis il promit des armes, et la foule satisfaite se retira.

Le même jour, une proclamation du préfet invita les citoyens à se ranger sous le drapeau du roi. Cet appel était inutile; l'ardeur des populations royalistes n'avait pas besoin d'être ranimée. Elle s'exprimait avec tant de violence que, pour lui donner une première satisfaction, on autorisa un bataillon de la garde nationale à partir afin de poursuivre l'empereur. Ce bataillon se mit en route, mais il apprit bientôt que Napoléon avait dépassé Gap et que sur son passage, toutes les troupes se déclaraient pour lui. Il revint alors à Marseille se mettre à la disposition du duc d'Angoulême, qui formait dans le Midi un corps d'armée pour marcher sur Grenoble et Lyon.

Le 15 mars, le prince écrivit de Nîmes qu'il allait venir passer quelques jours à Marseille. Le maréchal Masséna fit connaître cette nouvelle aux habitants des Bouches-du-Rhône par une proclamation dans laquelle il disait : « Les sentiments que vous avez manifestés avec tant d'ardeur pour le meilleur des rois éclateront encore à la vue de son auguste neveu, du fils d'un prince chéri dont la présence excita naguère parmi nous tant de transports. Il recevra de vous les gages et les preuves indubitables du dévoûment et de la fidélité que les circonstances commandent et dont nos cœurs ont toujours été pénétrés.... Vous rejetterez toutes les manœuvres perfides de quelques agitateurs.... Il n'y aura qu'un seul cri : défendre au péril de nos jours le trône de notre bon roi Louis XVIII[1] ». Il semble que le langage et la conduite du duc de Rivoli auraient dû lui gagner la confiance des royalistes marseillais. Il n'en fut rien; il continuait à être l'objet des soupçons les plus injurieux. Le jour

1. Archives du dépôt de la guerre.

même de l'entrée du duc d'Angoulême dans Marseille, ce dernier entendit à plusieurs reprises des ouvriers du port lui crier en provençal : « Monsieur le prince, défiez-vous du borgne[1] ! » et, durant le trajet du cortège, à travers les rues de la ville, des femmes du peuple arrêtèrent le cheval de Masséna et s'agenouillèrent en disant : « Maréchal, ne trahissez pas ce bon prince! » Le duc d'Angoulême jugeait mieux le duc de Rivoli : il ne doutait pas de lui et manifesta même le désir de l'emmener dans la campagne qu'il allait entreprendre. Mais le maréchal n'eut pas de peine à le convaincre qu'il lui serait moins utile à ses côtés qu'en restant dans les Bouches-du-Rhône et dans le Var, où le choc des passions politiques ne manquerait pas de troubler l'ordre, si elles n'étaient énergiquement contenues.

D'ailleurs, un autre péril non moins grave menaçait la France et exigeait la présence sur notre frontière d'un chef intrépide et expérimenté. A la première nouvelle des événements de Cannes, les Anglais avaient occupé la forteresse de Nice. Maintenant, ils menaçaient Toulon et commençaient la série d'efforts qu'ils tentèrent pendant plus d'une année pour s'emparer de notre grand arsenal maritime et de l'immense matériel qui s'y trouvait accumulé. Il convient de dire dès à présent que tous les chefs francais, bonapartistes ou royalistes, ennemis ou amis, qu'ils rencontrèrent devant eux durant

1. Le maréchal Masséna avait eu, en 1810, un œil crevé par un grain de plomb dans une partie de chasse.

cette période, rivalisèrent d'efforts pour déjouer leurs plans et leurs ruses auxquels, après les Cent-Jours, les Autrichiens vinrent apporter leur appui. Les agents du roi ne furent pas moins énergiques que les agents de l'empereur, et les portes de Toulon restèrent closes devant l'étranger. Masséna, pour sa part, fit armer toutes les batteries du port. Il proclama l'état de siège à Antibes et sur tout le littoral, prêt à résister comme autrefois à Gênes.

Après avoir passé deux jours à Marseille, au milieu des populations électrisées par sa présence, et qui lui fournirent un grand nombre de volontaires parmi lesquels, malheureusement, se trouvaient trop de gens sans aveu à qui la faim seule avait fait prendre les armes, le duc d'Angoulême retourna à Nîmes, où se trouvait son quartier général. Il laissait à Marseille, investi de pouvoirs extraordinaires, le marquis de Rivière, un de ses familiers, dont il avait apprécié en d'autres temps le dévoûment et le zèle. Il emmenait avec lui deux régiments qui devaient grossir l'armée royale, ainsi que quelques centaines de volontaires. Après son départ, la situation de Masséna devint tout à fait critique. D'une part, il était sans nouvelles de Paris; il ignorait si l'empereur était parvenu au terme de sa téméraire entreprise, si le roi occupait encore la capitale. Entre le siège du gouvernement et lui, se trouvait l'armée du duc d'Angoulême, qui ne laissait passer ni messagers, ni lettres. Les courriers des postes, partis chaque matin de Lyon, ne pouvaient aller au delà de Valence, et jusqu'au 9 avril, furent contraints de rétrograder, sans parvenir à expédier leurs dépêches [1]. D'autre part, Masséna se voyait obligé de contenir les troupes qui brûlaient de se prononcer pour l'empereur. Le 22 mars, à la demande du marquis de Rivière, il dut se rendre à Toulon, afin de haranguer la garnison irritée par le voisinage de la flotte anglaise, et disposée à reprendre la cocarde tricolore.

Plusieurs jours s'écoulèrent dans ces cruelles alternatives et dans l'ignorance des événements de Paris; les imaginations s'exaltaient de plus en plus par la nouvelle de la marche victorieuse du duc d'Angoulême sur Lyon. Cependant, depuis le 1er avril, un émissaire du ministre de la guerre se trouvait dans le chef-lieu du département du Rhône, porteur de dépêches pour le maréchal Masséna. Il avait d'abord tenté de gagner Marseille par le Dauphiné. Mais, ayant rencontré, près de Grenoble, des détachements du petit corps d'armée dont le général Ernouf avait reçu le commandement et qui devait rejoindre le duc d'Angoulême à Romans, l'émissaire dut rebrousser chemin et revenir à Lyon. Toutefois, comme c'était un homme énergique, à en juger par les lettres qu'il adressait à son ministre, il résolut de remplir sa mission ou de périr; il loua un bateau dans l'intérieur duquel il cloua ses dépêches, engagea deux hommes sûrs

1. Archives du dépôt de la guerre.

pour protéger sa route, et se livra au perfide et violent courant du Rhône[1].

Le 8 avril, Masséna recevait à Toulon les lettres qui lui étaient destinées; pendant quarante-huit heures, il fut seul à savoir que l'empereur avait repris possession de la capitale, et que Louis XVIII se dirigeait vers la frontière du Nord. Au même moment, les autorités marseillaises faisaient afficher sur les murs de leur ville une proclamation singulière, annonçant que l'un des représentants de la France au congrès de Vienne venait d'arriver, et promettait le concours de quatre-vingt-quinze mille hommes qui affranchiraient le pays du joug de Bonaparte. Ce fut la dernière manifestation du royalisme officiel. Une injonction formelle du maréchal y succéda. Il adressait de Toulon, au préfet et au maire, les nouvelles qu'eux-mêmes venaient d'apprendre. Toulon, en les recevant, avait fait avec enthousiasme sa soumission à l'empereur. Masséna espérait que Marseille en ferait autant.

Quand ces graves événements furent communiqués à la population, elle tomba sous la domination d'une terreur qui imposa silence à ses sentiments. Les militaires à la demi-solde purent donner un libre cours à leur satisfaction sans provoquer aucune révolte. Il est vrai qu'une affiche assez habilement conçue venait d'annoncer la capitulation

1. Nous n'avons pu retrouver, dans les documents qui ont passé sous nos yeux, le nom de cet agent, dont les lettres ne portent pas de signature.

de la Palud, ajoutant que le duc d'Angoulême prisonnier ne serait rendu à la liberté que si Marseille se soumettait à Bonaparte. Enfin, le 11 avril, tandis que le général de Grouchy arrivait de Lyon et faisait sommer la ville de reconnaître l'autorité de l'empereur, Masséna écrivait de Toulon que si, le lendemain au soir, Marseille n'avait pas obéi, il marcherait sur la seule cité qui refusât de se soumettre. Il fallut obéir; les autorités donnèrent leur démission; le marquis de Rivière s'embarqua pour l'Espagne, et le 12 avril, le drapeau tricolore était arboré sur tous les monuments. En même temps, les soldats reprenaient leurs aigles, tandis que l'autorité militaire célébrait, par un salut de vingt et un coups de canon, le déplorable changement de régime que la France venait de subir. Les royalistes marseillais se laissèrent imposer cette révolution sans protester; le général Ernouf, à la tête de 1 200 hommes — tout ce qui lui restait de l'armée qu'il avait essayé de former pour le duc d'Angoulême — tenta vainement de faire rétablir la cocarde blanche; son mouvement avorta; la monarchie légitime fut vaincue, et dans les cœurs, s'éleva une inoubliable colère qu'allaient accroître les événements ultérieurs et qui était grosse de représailles futures.

Trois jours après, le maréchal Masséna, rappelé par l'empereur, quitta Toulon pour se rendre à ses ordres. On sait qu'ayant vécu dans la retraite durant les Cent-Jours, il fut nommé par le gouvernement provisoire, commandant de la garde nationale de Paris et que, désigné plus tard pour faire partie du conseil de guerre devant lequel devait comparaître le maréchal Ney, il refusa de siéger parmi les juges de son ancien compagnon d'armes. Ce refus déchaîna contre lui les fureurs ultra-royalistes. Sa conduite à Marseille fut incriminée; sa mise en accusation demandée et il en arriva à souhaiter la mort qui ne se fit pas attendre. Il mourut en 1817, laissant à la postérité le soin de venger sa mémoire des calomnies à l'aide desquelles les partis avaient essayé de la ternir.

Tandis que se déroulaient dans le Midi ces graves événements, à Paris, l'empereur travaillait à l'organisation de ses forces militaires et ordonnait la formation de huit armées qui, sous le titre de corps d'observation, auraient pour objet la défense des frontières menacées. L'une de ces armées devait s'organiser dans les départements du bassin de la Méditerranée et avoir son quartier général à Marseille. Quand il fallut la pourvoir d'un chef, l'empereur songea au maréchal Brune qu'il avait tenu en disgrâce pendant la plus grande partie de son règne, mais dont il connaissait les talents militaires. A peine âgé de cinquante-deux ans, Brune s'était rallié aux Bourbons, dès leur retour. Toutefois n'ayant pas été employé par eux, il se considérait comme libre de tout engagement. Aussi, lorsque le 16 avril, une lettre du ministre de la guerre lui apprit, à Paris où il résidait, qu'il était appelé au commandement du corps d'observation du Var et de la 8e division militaire, il accepta sans hésiter et partit pour la Provence. Il arriva à Marseille le 24 du même mois, n'ignorant pas combien la population de cette ville était hostile à l'empire, mais encore bien loin de croire à la violence de l'animosité qu'il allait bientôt constater.

Peu de jours avant, le 10e régiment de chasseurs à cheval et le 6e de ligne, étant entrés dans Marseille, sous les ordres du général Leclerc, et ayant été accueillis par les cris de « Vive le roi! » les soldats avaient répondu par celui de « Vive l'empereur! » Devant la malveillance de la foule, ils s'étaient vus obligés de croiser la baïonnette pour se faire un passage. Cet incident révélait avec certitude les haines que les Marseillais nourrissaient contre l'empire. Toutefois, ce n'était rien encore à côté de celles dont le maréchal Brune allait être le témoin presque impuissant. Il lui fallut peu de jours pour reconnaître l'étendue des difficultés qui s'offraient à lui. Dès la première semaine de mai, il savait à quoi s'en tenir et réclamait un commissaire général de police, habile et vigoureux. On lui envoya l'ancien conventionnel Lecomte-Puyraveau, porteur des pouvoirs les plus étendus et auquel on en confia d'analogues dans tous les départements sur lesquels le commandant en chef du corps d'observation du Var exerçait sa juridiction. Puis, quand il voulut donner des ordres à la garde nationale, il la trouva dans un tel état de rébellion morale qu'il se déclara impuissant à en venir à bout et demanda qu'elle fût expédiée dans le nord de la France, seul moyen de la soustraire aux influences auxquelles elle obéissait. « Une explosion est imminente », écrivait-il un jour. Le lendemain, il ajoutait : « Si on dépavait les rues de Marseille, on trouverait une fleur de lys sous chaque pavé. Le désarmement de la garde nationale est indispensable. Il ne peut être assuré que par la troupe ». Il se plaignait de la mollesse de la gendarmerie, de la malveillance des détenteurs de l'autorité et réclamait le droit de proclamer l'état de siège dans Marseille. « L'esprit du Midi est exécrable, répétait-il, le 9 mai, au ministre de la guerre; Marseille est le foyer d'où partent les discordes. Toutes les autorités sont à changer sous les rapports administratifs et judiciaires. Ne tombez pas dans l'erreur de croire qu'il y en ait une seule de bonne. Celles qui paraissent les plus supportables usent de dissimulation. Si notre Napoléon est vainqueur, elles se vanteront de leur fidélité; s'il y a des revers, elles prendront les premières les fleurs de lys et la cocarde blanche[1]. »

A tout instant, quelque fait grave venait démontrer la vérité de ces avertissements. Un jour une rixe éclatait entre la population et la police parce que celle-ci voulait arrêter un individu, surpris au moment où il arrachait les aigles d'une affiche. Un

1. Archives du dépôt de la guerre.

autre jour, un fourrier du 16e de ligne ayant été insulté par un ouvrier qui l'engageait à déserter, il en résultait d'abord entre eux une lutte dans laquelle le fourrier faisait sauter d'un coup de sabre le poignet de son adversaire, puis une émeute terrible; la foule voulait massacrer le militaire, pour le salut duquel il fallut mettre une partie de la garnison sur pied. C'est à la suite de cet événement que, le 21 mai, l'état de siège fut proclamé. Pour atténuer ce que cette mesure avait de rigoureux, le préfet Frochot, de concert avec le comte Rœderer, commissaire impérial dans le Midi, créa une caisse de secours à l'effet de donner du travail aux ouvriers du port. Le maréchal Brune ne se fit aucune illusion sur les conséquences de cette création : « Elle ne changera pas, disait-il, l'esprit de révolte qui anime la population et les fonctionnaires ». A ce moment, des arrestations devinrent nécessaires; on en opéra plusieurs.

C'est à ces arrestations, moins nombreuses d'ailleurs qu'on ne l'a prétendu, qu'ont fait allusion certains écrivains qui, pour colorer d'un semblant de légitimité les colères sous lesquelles périt, quelques mois plus tard, le maréchal Brune, leur ont attribué pour principale cause le joug qu'il fit peser pendant les Cent-Jours sur les populations royalistes du Midi. Mais, une étude impartiale de cette époque et des documents qui nous ont permis de la faire revivre, rend inacceptable cette explication mise en avant sinon pour excuser des assassins, du moins pour atténuer l'énormité de leur forfait. Les diverses mesures qu'ordonna le maréchal, le licenciement de la garde nationale qu'il voulait reformer, l'arrestation de quelques agents du duc d'Angoulême, la proclamation de l'état de siège, furent des mesures de défense et non de provocation. Ayant accepté la mission de rétablir l'autorité de l'empereur dans les Bouches-du-Rhône et dans le Var, Brune ne pouvait moins faire que ce qu'il fit; en examinant ses actes, on est même tenté de dire qu'il ne fit pas assez et compta trop souvent sur la modération des royalistes irréconciliables qu'il devait soumettre à l'autorité impériale.

En réalité, à tort ou à raison, la Provence ne cessa pas d'être en révolte pendant toute la durée des Cent-Jours. Déjà, lorsque les volontaires royaux qui avaient suivi le duc d'Angoulême étaient revenus de leur expédition[1], on les avait licenciés en leur ordonnant de rendre leurs armes. Mais ils avaient refusé d'obtempérer à cet ordre et étaient rentrés dans leurs foyers, libres et armés, attendant l'heure des vengeances qui sonna les 25 et 26 juin. En outre, les environs de Marseille étaient remplis de déserteurs qui bravaient tous les ordres, toutes les lois. A Brignoles, les conscrits quittaient la

1. Partis de Marseille pour rejoindre le duc d'Angoulême, ces volontaires furent mis en déroute le 8 avril, au village de la Saulce, par le colonel Lespinasse, qui précédait le général Proteau, commandant des Hautes-Alpes, en tournée d'inspection, et qui, après les avoir défaits, alla faire arborer le drapeau tricolore à Briançon.

ville le jour même des opérations du conseil de revision et refusaient de se présenter devant lui. Des retraités non rappelés s'étaient joints aux réfractaires et retirés dans des villages où, faute de troupes, on ne pouvait les atteindre; ils menaçaient Marseille, avides de pillage[1].

L'état d'esprit des fonctionnaires n'était pas plus rassurant. C'est le 13 mai seulement que le maire osa, dans une proclamation, prononcer le nom de l'empereur. Des magistrats d'Aix refusèrent de se rendre à Paris pour y assister à la cérémonie du Champ-de-Mai. Le sous-préfet de Grasse expédia aux communes le numéro du *Bulletin des lois* qui contenait la dernière proclamation de Louis XVIII dont la circulation était partout interdite et justifia sa conduite en alléguant la nécessité de compléter partout les collections de la feuille officielle. Enfin le jour de la Fête-Dieu, les autorités religieuses refusèrent de chanter le *Domine, salvum fac imperatorem*. Si l'on ajoute à ces divers traits que, sur plusieurs points de la Provence, il fallait employer la force pour recouvrer les impôts, on reconnaîtra aisément, quelque opinion qu'on professe sur les Cent-Jours, que la sévérité du maréchal Brune, de laquelle on voulut faire plus tard la cause de sa mort, s'imposait à lui, et, qu'à moins de trahir la mission qu'il avait acceptée, il n'était pas libre d'agir autrement.

1. Archives du dépôt de la guerre.

Les difficultés contre lesquelles il se débattait tenaient surtout à l'insuffisance des troupes placées sous ses ordres. Le 22 mai, la mère de l'empereur, le prince Jérome et le cardinal Fesch étant arrivés en France, il alla les saluer à Aix et leur fit de sa situation le tableau le plus sombre, en les priant d'obtenir de l'empereur qu'on lui envoyât des secours. Quand il revint à Marseille, il trouva la ville en apparence paisible et soumise. Deux bataillons du 35e de ligne rappelés de Corse y étaient arrivés. Tous les bonapartistes s'étaient portés à leur rencontre, et les uns et les autres étaient entrés triomphalement aux cris de « Vive l'empereur! Vive Marie-Louise! Vive le prince impérial! A bas les royalistes! » escortant un buste de Napoléon, devant lequel la musique jouait ses plus joyeuses fanfares. Les habitants avaient assisté silencieux à cette manifestation. Brune profita de cette accalmie pour organiser la police. Il entreprit aussi la formation d'un régiment composé d'Italiens et conçut l'espoir de pacifier la Provence. Malheureusement les mouvements des Autrichiens qui menaçaient Antibes et de la flotte anglaise qui croisait entre Marseille et Toulon, prête à débarquer 5000 hommes, l'obligèrent à échelonner ses troupes sur la frontière, en ne laissant dans la cité phocéenne que de faibles détachements. Les ennemis de la royauté tentèrent de suppléer à l'insuffisance de la force publique, en formant une fédération, à l'exemple de ce qui se passait sur d'autres points du territoire. C'est le 17 juin que le pacte fédératif fut publié. Il disait « que la fédération n'exercerait aucune autorité politique, mais seulement une sorte de police morale sur ses membres[1] ». Il ne réunit qu'un petit nombre d'adhérents.

Brune résidait à Toulon. Cette ville était de plus en plus menacée par les alliés, travaillée par des discordes intérieures et sa défense compromise par d'innombrables désertions. La situation était telle que les généraux n'osaient plus se transporter d'un point sur un autre, dans la crainte de voir leurs troupes les abandonner en chemin. Le 24 juin, les autorités militaires essayèrent de procéder à des levées en masse. Mais leurs efforts restèrent sans résultat. Sur plus de 2 000 conscrits, on ne put en réunir que 316 et on dut les diriger sur Grenoble pour les retenir dans le rang. Telle était la situation quand arriva, à Marseille, le 25 juin, la nouvelle de la défaite des armées impériales à Waterloo.

1. Archives du dépôt de la guerre.

II

Le 25 juin, toutes les passions si difficilement contenues pendant les Cent-Jours firent explosion avec la violence naturelle au caractère méridional et sa disposition aux choses extrêmes. Le peuple s'était accoutumé à ne plus obéir. L'armée ne suffisait plus à le tenir dans le respect des autorités et des lois. Elle était elle-même indécise, ébranlée partout où elle ne se trouvait pas en présence de l'ennemi. Elle pressentait la chute de l'empire et ne rencontrait pas dans ses chefs une énergie suffisante pour former un contrepoids efficace à ses hésitations. Si elle se retournait vers Paris, elle entendait le ministre de la guerre lui dire dans un ordre du jour que « la patrie exigeait que les aigles fussent remises dans le fourreau, mais que l'armée devait leur garder sa fidélité et répondre par son exacte discipline aux viles calomnies des politiques de salon ». Si elle regardait autour de soi, elle voyait des populations souhaiter, par haine de l'empire, le triomphe des alliés, se déclarer prêtes à leur livrer Toulon et annoncer qu'avant peu, elles se feraient justice, proclameraient le duc d'Angoulême roi de France, égorgeraient ses ennemis et, déchirant la Charte, restituerait les biens nationaux à leurs légitimes propriétaires.

Telles sont les dispositions dans lesquelles la nouvelle de Waterloo trouva les Marseillais.. Les irréparables malheurs qui suivirent furent donc la conséquence d'événements antérieurs et nullement le résultat d'un mot d'ordre perfidement donné et rigoureusement obéi. En l'absence du maréchal Brune, qui surveillait la frontière et organisait la défense sur ce point, le général Verdier, commandant la division, le remplaçait à la tête des troupes. Sa faiblesse, l'insuffisance de la garnison, le mauvais vouloir de la garde nationale, qui ne parut comprendre ses devoirs que lorsque le sang eut coulé, vinrent ajouter des causes nouvelles aux causes naturelles de la fureur qui allait faire tant de victimes. Et puis de nombreuses vengeances publiques et privées, qui sommeillaient depuis trois mois, s'éveillèrent exaspérées à ce point qu'il fut impossible de les contenir. En apprenant la défaite de l'empereur, la foule se répandit dans les rues, des clameurs de mort à la bouche, mêlées à des cris en l'honneur du roi, partout arrachant et foulant aux pieds les drapeaux tricolores, les remplaçant par des drapeaux blancs. Elle assaillit un café qui servait de lieu de réunion aux militaires à la demi-solde et y procéda à un pillage général.

C'était un dimanche; en quelques instants, les ouvriers du port, les artisans, furent sur pied. Les paysans des environs, excités par des déserteurs auxquels, depuis trois mois, ils donnaient asile, vinrent grossir, avec ces déserteurs eux-mêmes, les rangs de la populace, et bientôt il n'y eut plus de sécurité pour les citoyens paisibles. Le général Verdier monta à cheval. Il avait à sa disposition un régiment d'infanterie, plusieurs escadrons de cavalerie, le bataillon des officiers à la demi-solde, dit bataillon sacré, et une batterie d'artillerie. Ces forces, bien commandées, auraient suffi à rendre à la ville le calme et le bon ordre. Mais le général ne sut pas s'en servir. On le vit parcourir les rues, en haranguant la foule, non en maître qui veut être obéi, mais en serviteur qui supplie. « L'empereur a abdiqué, disait-il; je ne sais quel gouvernement nous aurons. Ne criez ni Vive le roi! ni Vive l'empereur! » L'émeute se sentit libre et se déchaîna furieusement. On entendit sonner le tocsin, battre la générale. Un groupe d'individus ayant à sa tête un jeune homme qui criait : « A bas les armes! » se précipita sur un poste du bataillon sacré. La fusillade s'engagea. Ce jeune homme fut tué. Le poste se retira sur l'un des forts qui dominent la ville, en continuant à tirer, mais non sans perdre plusieurs des siens. Trois soldats périrent dans cette retraite; il y eut dix blessés et, arrivés au fort, leurs compagnons affolés par la lutte braquèrent les canons sur la foule qui les accusa quelques instants après d'avoir voulu la mitrailler, et sentit s'accroître ses colères. Il y eut d'autres morts dans cette journée : un nègre, un ancien agent de la police de Toulon. Ce dernier fut arrêté dans une auberge, haché à coups de sabre, et son corps sanglant, traîné dans les ruisseaux.

Le général Verdier, de plus en plus effrayé, prit alors la résolution d'abandonner Marseille à la guerre civile. Il fit occuper par les gardes nationaux qui lui restaient, au nombre de douze cents environ, tous les postes de la ville où se trouvaient des soldats et partit le soir avec sa petite garnison, accompagné du commissaire général Lecomte-Puyraveau, de la plupart des autorités civiles, se dirigeant vers le quartier général de Brune à Toulon. C'était trop d'imprudence. Cette garnison venait d'être pendant plusieurs semaines l'instrument de la compression, dont les Marseillais avaient souffert; quelques heures avant, elle répondait aux acclamations des royalistes par le chant de la *Marseillaise*, retranchée derrière ses fusils en faisceaux et ses cavaliers, le sabre au poing. Elle était détestée autant qu'elle avait été ardente, et puisqu'elle renonçait à toute résistance, puisqu'elle se résignait à fuir, c'est que la cause de Bonaparte était irréparablement perdue. Ces réflexions s'imposèrent à l'esprit des émeutiers et jetèrent sur les derrières du général Verdier une foule furieuse qui le poursuivit très loin au delà de Marseille, criblant de balles sa voiture, échangeant avec ses troupes de nombreux coups de fusil, et à laquelle se joignirent les habitants des localités qui se trouvaient sur la route de Toulon. Dans un rapport relatif à cette retraite désastreuse, le général Verdier accusa une perte de cent officiers ou soldats[1].

Pendant le même temps, le préfet comte Frochot prenait la fuite, tandis que le marquis d'Albertas, préfet de 1814, remis en possession de ses fonctions, envoyait d'Aix une proclamation qui tentait en vain d'apaiser les esprits. Toutes les personnes détenues au château d'If, durant les Cent-Jours, étaient mises en liberté; un comité, formé en toute hâte, prenait le gouvernement provisoire de Marseille, en attendant l'arrivée du marquis de Rivière, qu'on savait investi des pleins pouvoirs du roi. Dans ce comité, se trouvaient le colonel Borelly, le maire et quelques notables royalistes. Ils songèrent tout d'abord au rétablissement de l'ordre public. Le colonel Borelly eut le commandement de la place; le maire, quoiqu'il fût nommé des Cent-Jours, put conserver utilement ses fonctions jusqu'au retour du marquis de Montgrand son prédécesseur. Malheureusement ils avaient à combattre d'indomptables passions; ils étaient en outre obsédés par la crainte d'un retour offensif du général Verdier et de l'armée de Toulon. En proie à cette double préoccupation, désireux,

1. Archives du dépôt de la guerre.

avant tout, d'empêcher que Marseille retombât sous la domination impériale, ils appelèrent le peuple aux armes et en arrivèrent à subir la guerre civile lorsqu'ils souhaitaient la paix. Il faut ajouter que les moyens d'action leur manquaient. Pour résister à une foule qui parlait de meurtre et de pillage; pour contenir des déserteurs et des paysans en armes, qui étaient entrés dans la ville durant la nuit, ils n'avaient sous la main que quelques centaines de gardes nationaux dont la plupart partageaient les passions qu'ils étaient chargés de réprimer. Ainsi s'expliquent les meurtres de la journée du 26 juin, qui sont restés comme les plus odieux parmi ceux qui signalèrent la réaction royaliste dans le Midi, et en même temps comme ceux qu'il fut le plus difficile d'empêcher.

Dès l'aurore de cette sanglante journée, on vit des malfaiteurs et des vagabonds étrangers parcourir les rues, entraînant après eux la lie de la populace. Leur première victime se nommait Baissière. C'était un vieillard, ancien miroitier. On l'accusait de professer des opinions républicaines, et d'avoir pris une part active à la révolution. Son passé le désignait aux assassins. Ils envahirent sa maison, située aux portes de Marseille, et, l'ayant trouvée vide, ils la saccagèrent. C'est en revenant de leur expédition qu'ils surprirent Baissière dans un café, où il s'était réfugié. Ils l'assommèrent à coups de sabre sur la tête; puis, voyant qu'il respirait encore, l'un deux déchargea sur lui son pistolet, après l'avoir traîné sur un banc au dehors. Ils voulurent lui faire crier : Vive le roi ! et comme il ne répondait que par des gémissements, ils l'achevèrent, en le frappant avec la crosse d'un fusil. On massacra, en même temps que lui, les sieurs Folot et Vincent, officiers retraités ; puis la foule se porta vers une boutique de pâtissier, tenue par les frère Verse, coupables, à ce qu'on prétendait, d'avoir prêté main-forte aux terroristes de 1792. En prévision d'un danger qu'ils pressentaient, ces malheureux avaient demandé un asile à leur ami Gallibert, qui s'était enrichi en faisant le commerce des biens nationaux. On alla les chercher dans la demeure de ce dernier. Il fut arrêté avec eux. On les ramena tous les trois dans Marseille et on les égorgea, malgré les efforts d'un jeune officier de la garde nationale, M. Attenoux, qui faillit périr en cherchant à les sauver. Un agent de police, nommé Roubaud, le boulanger Auguste Terrier, et le fils de ce dernier, qui suppliait les meurtriers d'épargner son père, périrent de la même manière dans d'atroces supplices.

Ce fut ensuite un vieillard septuagénaire, M. Anglès-Capefigue, ami de Masséna, de Barras et de Brune. Il fut poursuivi en pleine campagne, extrait d'une charrette de fourrage dans laquelle il s'était caché, conduit à Marseille et poignardé après avoir été jugé par dérision dans un corps de garde. « Anglès était un patriote de 89, a écrit M. Méry ; ses mains étaient pures ; il n'y avait pas un nuage de remords dans la sérénité de ce front patriarcal. »

Tant de sang versé ne put assouvir la fureur des criminels. Ils avaient résolu de faire d'autres victimes, et c'est parmi la colonie égyptienne, composée d'environ cinq cents individus, ramenés quinze ans auparavant d'Égypte par Bonaparte, de qui les plus nécessiteux recevaient une pension, qu'on alla les chercher. On s'acharna d'abord contre une négresse éthiopienne. Elle se précipita dans la mer, avec l'espoir de se sauver à la nage. Mais on tira sur elle de tous côtés, et une balle qui la frappa au visage éteignit dans sa gorge le cri de « Vive l'empereur! » Après elle, onze Égyptiens furent encore tués. On leur attribuait des propos séditieux pendant les Cent-Jours. S'il n'y eut pas plus de victimes parmi la colonie, c'est que la fuite déroba le plus grand nombre de ses membres aux fureurs royalistes[1]. Sous la protection d'une compagnie de la garde nationale, ceux qu'on savait menacés, — c'étaient les plus misérables, — se rendirent dans les environs de Marseille, tandis que d'autres se réfugiaient au fort Saint-Jean. Les uns purent rentrer dans la ville, dès le lendemain, sains et saufs. Ceux qu'on avait reçus au fort y restèrent jusqu'à la fin d'octobre.

1. Il y a eu jusqu'ici désaccord sur le nombre exact d'Égyptiens assassinés dans la journée du 26 juin. Certains historiens ont parlé d'un massacre général, d'autres l'ont réduit à deux personnes. La vérité, c'est qu'il y eut treize tués. Voici leurs noms, copiés sur l'état officiel déposé aux Archives nationales : Anna Koutey, Ibrahim Tutunji, Micias Sidarious, Guergues Marthar, Jacob Nazo, Joseph Soliman, Hélène Trica, Saal-ed-Arag, George Daher, Fatime Cassis, Fatmet Matmeh, Joseph Macil et Joseph Gabriel.

Trois agents de police qui s'étaient réfugiés à Cassis, où la foule était allée les relancer, furent encore égorgés, le 27 au matin, pendant qu'on les ramenait à Marseille. On les mit nus avant de les frapper. Beaucoup d'autres citoyens furent blessés, maltraités, insultés, dépouillés; on pilla des maisons en grand nombre, dont les propriétaires n'échappèrent à la mort que parce qu'ils s'étaient enfuis. Dans la soirée du 26, les meneurs apparents de cette sanglante émeute rentraient dans leurs demeures en criant : « Vive le roi ! » Nous disons à dessein « les meneurs apparents », parce qu'il y avait des meneurs cachés, personnages sinistres qui couvraient du zèle royaliste l'ardent désir de se venger de quelques individus. A la faveur de la désorganisation du pouvoir et du désarroi général, ils exploitèrent les passions de la foule, et si la terreur qu'ils inspirèrent longtemps encore après l'accomplissement de tant de forfaits leur assura l'impunité, leur nom, cependant, resta dans toutes les mémoires et même dans les récits que quelques témoins de ces temps ont laissés. Parmi ceux qui contribuèrent le plus aux crimes du 26 juin, les historiens locaux citent un sieur Artaud, ancien membre du club des jacobins de Marseille, qui se disait faussement commissaire du roi et muni de ses pouvoirs. C'est lui qui donna l'ordre de faire main basse sur les militaires à la demi-solde, et donna l'ordre de fusiller, sur l'escalier d'une maison, les sieurs Roubaud et Terrier père et fils.

On l'entendit dire à l'un des membres du comité royaliste : « Vous êtes sous ma surveillance ».

Les crimes que nous venons de raconter avaient épouvanté les honnêtes gens. Le comité royaliste s'empressa d'ordonner des mesures répressives. La majeure partie des habitants seconda ses efforts. En quelques heures, la garde urbaine fut réorganisée, une surveillance rigoureuse exercée sur tous les points de la ville. Deux affiches furent placardées sur les murs : « Marseillais, disait l'une, les violences exercées par les militaires qui ont osé faire feu sur le peuple ont pu faire excuser des vengeances qui ont été exercées dans le premier moment d'un triomphe obtenu au prix de votre sang. Il est temps que les personnes et les propriétés soient respectées. Il faut arrêter des excès coupables[1] ». On trouvera sans doute que ce langage respirait une indulgence singulière pour les assassins. La plupart des avertissements que l'autorité adressait à cette époque aux fauteurs de désordre révèlent la même longanimité. C'est qu'au fond, tout en déplorant les malheurs accomplis, les hommes qui tentaient de les arrêter étaient disposés, par l'état de leur esprit, à considérer les victimes comme des criminels qui avaient mérité leur destin, et les meurtriers comme de bons royalistes poussés à l'exaspération par les persécutions dont ils avaient été l'objet et coupables tout au plus de

1. Archives du dépôt de la guerre.

s'être substitués à la justice de leur pays, pour punir les ennemis du roi, dont la défaite, après tout, n'était pas définitive.

A l'heure où il tenait le langage qu'on vient de lire, le comité royaliste, dans une seconde affiche, appelait les citoyens à défendre le trône non encore restauré : « Que tous les hommes qui doivent, d'après les lois existantes, faire partie de la garde nationale prennent les armes; que tous les habitants de la campagne se tiennent prêts à marcher au premier signal vers les points de leur territoire qui leur seront désignés; des chefs expérimentés leur seront envoyés pour régulariser les efforts, et la Provence et le Midi tout entier deviendront, s'il le faut, une autre Vendée plutôt que de retomber sous le joug du despotisme et des factieux qui se sont arrogé le droit de disposer des destinées de la France[1] ».

Après avoir lu ces paroles, il est permis de croire que ce ne fut pas seulement pour défendre Marseille contre les fureurs ultra-royalistes que le comité provisoire prit les précautions dont nous venons de parler; ce fut aussi pour se protéger contre les entreprises du maréchal Brune, qu'il craignait de voir revenir de Toulon pour soumettre la cité qui s'était révoltée contre l'empereur, au premier bruit de la défaite de Waterloo. On trouve la trace de ces préoccupations dans l'empressement qui fut

1. Archives du dépôt de la guerre.

mis, dès le 27 juin au soir, à demander secours à la flotte anglaise, commandée par lord Exmouth, qui croisait en vue du port. Bientôt le drapeau britannique flotta sur les édifices publics à côté du drapeau blanc, et un corps de troupes, sous les ordres du général Hudson Lowe, vint tenir garnison dans Marseille.

Presque au même moment, le mouvement royaliste éclatait dans toute la Provence. Aux environs d'Arles, des bandes de moissonneurs, réunies à des déserteurs réfugiés dans les marais de la Camargue, parlaient de marcher sur cette ville. Le Var était en feu. Toulon seul tenait encore pour l'Empereur, grâce à la fermeté de Brune, qui persistait, en l'absence de nouvelles sûres, à douter du désastre de Waterloo. Il cherchait moins d'ailleurs à résister au roi qu'à défendre notre grand port maritime contre les Anglais, qui espéraient qu'on le leur ouvrirait comme on venait de leur ouvrir Marseille. La garnison de Toulon, même après l'arrivée des troupes du général Verdier, ne s'élevait qu'à trois mille hommes dont les rangs ne pouvaient être grossis, puisque les levées que le maréchal avait tentées restaient sans résultat, et qu'on ne pouvait compter sur aucun secours. Mais, si cette petite armée était peu nombreuse, en revanche elle se montrait ferme dans son devoir, énergiquement secondée par la population. La place était assez bien approvisionnée, sauf en viande fraîche, et chacun s'attendait à un siège. C'est en prévision de quelque attaque imprévue que le maréchal Brune refusa de s'éloigner de Toulon et de marcher sur Marseille, encore qu'il y fût poussé chaque jour par les dispositions de ses soldats et des réfugiés qui vivaient au milieu d'eux. Il ne voulait prendre aucune décision sans avoir reçu des nouvelles de Paris, et, le 11 juillet, il se décida à envoyer dans la capitale un de ses aides de camp.

Pour bien comprendre les anxiétés et les incertitudes des chefs militaires à qui incombaient alors, sur tous les points du territoire, de si lourdes responsabilités, il ne faut pas perdre de vue qu'on n'avait ni chemins de fer, ni télégraphes électriques, et que chacun en était réduit à recueillir tous les bruits sans pouvoir distinguer ceux qui étaient vrais. Ainsi, le 2 juillet, on racontait à Marseille que le général Gilly bombardait Montpellier; on assurait que le maréchal Brune allait suivre cet exemple contre Marseille, et, avec la jactance méridionale, on se jurait de faire au besoin de la ville « une autre Saragosse ». Brune, de son côté, était si mal informé que, tandis qu'autour de lui, les villes pour la plupart arboraient le drapeau blanc, tandis que le département des Basses-Alpes, soulevé par un général royaliste, le comte de Loverdo, se prononçait pour Louis XVIII, il proclamait dans Toulon l'avènement de Napoléon II, répondant ainsi aux avis qui lui parvenaient de Marseille, au lieu d'ordres officiels, et voyant partout la main des Anglais qui venaient de recevoir un formidable secours avec les Autrichiens arrivés de Naples.

Enfin, vers le 20 juillet, le marquis de Rivière, réinstallé à Marseille comme commissaire extraordinaire du roi, écrivit au maréchal Brune pour lui faire connaître la restauration de Louis XVIII sur le trône de France. Il lui annonçait que tous les départements avaient fait leur soumission. Ces nouvelles dissipèrent les hésitations du maréchal. Il accueillit en ami l'amiral Gantheaume, nommé préfet maritime de Toulon, et, le 24, fit arborer le drapeau blanc que l'escadre anglaise, rangée en rade, salua de plusieurs salves d'artillerie. Le même jour, il réunit sur le Champ de Mars les troupes de la garnison, et, après avoir adhéré publiquement au gouvernement royal, il engagea l'armée placée sous ses ordres à renoncer aux couleurs tricolores. « Dans les circonstances où se trouve la France, s'écria-t-il, nous serions criminels de les conserver plus longtemps. Qu'il ne soit jamais permis de dire que l'étendard de la gloire est devenu celui de la révolte; que nos souvenirs soient toujours purs! Acceptons franchement les couleurs et les drapeaux de nos pères; ils sont dignes de nous, comme nous sommes dignes d'eux. Confondons dans un même sentiment nos regrets pour les couleurs que nous quittons et notre affection pour celles que nous allons prendre, et que le drapeau blanc soit désormais le gage de l'union de l'armée et des citoyens. »

Peu de jours après, il écrivait au ministre de la guerre : « Votre Altesse connaît mon cœur. Je ne promets rien que je ne veuille tenir. Les passions que je calme avec succès peuvent s'exalter par ceux mêmes qui devraient les éteindre. Toulon est un dépôt assez précieux pour que je hasarde tout pour le conserver au roi; mais il faut ici beaucoup de prudence unie à beaucoup de fermeté, et les opinions ou actions exagérées ne peuvent pas produire ce bien. Soumission au roi, discipline de l'armée, et par conséquent conservation de Toulon, voilà mon but, en attendant que, même au péril de ma vie, les ordres du roi me parviennent[1] ». Dans une lettre au marquis de Rivière, il exprimait les mêmes sentiments. Il engageait en outre le commissaire royal à se rendre à Toulon, afin de contribuer par sa présence à la pacification de la ville, que le voisinage des Anglais et des Autrichiens et la présence d'un grand nombre d'officiers à la demi-solde et de Marseillais livraient à d'inquiétantes agitations.

Le marquis de Rivière se rendit à l'appel du maréchal Brune. Il était accompagné du général de Lardenoy. Mais quand, suivi de ce général et de l'amiral Gantheaume, il fut présenté aux troupes par le maréchal, des cris hostiles l'accueillirent. Il fallut que ce dernier intervînt et prononçât des paroles sévères pour faire respecter dans leur

1. Archives du dépôt de la guerre.

personne l'autorité royale. Le même jour, le marquis de Rivière, irrité par l'accueil qui venait de lui être fait, donna l'ordre d'évacuer Toulon. Mais Brune refusa de laisser exécuter cet ordre. Les Autrichiens voulaient marcher sur la ville et le maréchal entendait conserver auprès de lui des forces suffisantes pour leur résister. Ne pas laisser tomber Toulon aux mains de l'étranger, telle fut, durant ces journées fiévreuses, sa principale préoccupation, et l'histoire doit un hommage à son ferme et intelligent patriotisme.

C'est alors que le marquis de Rivière alla trouver lord Exmouth et le général Lowe, qui le croyaient prisonnier de Brune, afin de leur apprendre que le drapeau blanc flottait dans Toulon. Ils se rencontrèrent à Ollioules; le marquis de Rivière, dans l'entretien qu'il eut avec eux, rendit un éclatant hommage au patriotisme du maréchal. Au même moment, une dépêche de lord Wellington parvenait aux chefs des forces britanniques et leur enjoignait de renoncer à toute attaque contre une cité couverte par le drapeau royal. Ces circonstances, et plus encore, la fermeté du maréchal Brune, sauvèrent Toulon, le vaillant soldat ayant commencé par déclarer qu'il ne consentirait à un arrangement que sous la condition expresse que pas un seul étranger ne mettrait le pied dans la place et qu'elle ne cesserait pas d'avoir un gouverneur français.

Anglais et Autrichiens souscrivirent à cette

condition; mais lorsqu'il s'agit de signer un engagement définitif, le généralissime autrichien, comte de Nugent, refusa d'entrer en correspondance avec le maréchal. Il écrivit au marquis de Rivière pour lui demander de l'éloigner de Toulon, s'engageant à ce prix à ne pas attaquer la ville. Le maréchal Brune résolut alors de partir. M. de Rivière lui donna des lettres pour les généraux autrichiens qu'il devait rencontrer sur sa route, et la copie certifiée conforme d'un rapport au roi, dans lequel était exposée son honorable conduite. Une escorte de chasseurs commandée par le comte de Maupas, aide de camp du commissaire royal, devait protéger sa personne jusqu'au delà d'Avignon. Le 1er août, à trois heures du matin, Brune quitta la ville à laquelle son courage et son patriotisme venaient d'épargner à la fois les douleurs de l'invasion et les horreurs de la guerre civile. Les honneurs militaires lui furent rendus, et rien, en ce moment, ne pouvait faire prévoir à ceux qu'il laissait derrière soi, ni à lui-même, qu'il allait, à quelques heures de là, tomber victime d'une bande d'assassins. La veille de son départ, le commissaire général de police Lecomte-Puyraveau, qui s'était réfugié dans Toulon après avoir couru à Marseille, le 25 juin, les plus grands périls, était mis en état d'arrestation en même temps qu'un aide de camp de Masséna, et dirigé sur le château d'If, où il resta détenu durant plusieurs mois, les autorités royales n'osant le mettre en liberté dans la crainte de l'envoyer à la mort.

Tandis qu'à Toulon se déroulaient ces événements, à Marseille, un soldat énergique, le général comte de Partouneaux prenait possession du commandement militaire. Le gouvernement royal, en l'appelant à ce poste, avait entendu mettre fin aux pouvoirs extraordinaires conférés au marquis de Rivière par le duc d'Angoulême. A la même heure, les autorités provisoires étaient révoquées par toute la France et remplacées d'une manière définitive. Dans un grand nombre de départements, ce remplacement ne s'opéra pas sans conflits. A Marseille, la modération du marquis de Rivière et le patriotisme du comte de Partouneaux produisirent un résultat consolant autant qu'inattendu. Au lieu de résister aux ordres du roi, le premier offrit ses services au second qui les accepta, et ils associèrent leurs efforts afin d'effacer la trace des passions qui avaient engendré tant de conflagrations lamentables. Pour mettre un terme à une situation pleine de périls, ce n'était pas trop de deux bonnes volontés fermement unies dans l'amour du pays. Longtemps encore, Toulon fut menacé, et si les précieuses richesses qui s'y trouvaient enfermées échappèrent à l'avidité des étrangers, le mérite en revint à l'énergie avec laquelle le comte de Partouneaux et le marquis de Rivière, imitant l'exemple de Brune, les défendirent au nom du roi. Nous avons lu aux archives du ministère de la guerre la volumineuse correspondance du général français. Elle témoigne de son indomptable résolution de ne pas livrer Toulon et des efforts qu'il fit pour déjouer les ruses à l'aide desquelles Anglais et Autrichiens essayaient de s'en emparer, trouvant des complicités criminelles dans l'attitude des ultra-royalistes de Marseille, des Bouches-du-Rhône et du Var.

Antibes fut défendu avec la même habileté, et les armées alliées évacuèrent le territoire sans avoir pu pénétrer ni dans l'une ni dans l'autre de ces deux places dont elles convoitaient la possession provisoire, afin de s'en approprier le matériel. On a dit souvent que les Bourbons trouvèrent dans les alliés un sympathique appui pour consolider leur trône. Quand on remonte aux souvenirs que nous rappelons, on constate le peu de fondement de cette assertion; on est obligé de reconnaître qu'à la seconde Restauration, les armées étrangères se conduisirent plus en ennemies qu'en amies, et qu'il fallut un vigoureux effort de patriotisme pour résister à leurs exigences.

Ces difficultés ne furent point les seules que les autorités royales des Bouches-du-Rhône eurent à vaincre. Bien après les événements que nous venons de raconter, l'esprit de vengeance régnait dans Marseille, grâce à quelques scélérats à qui leur audace assurait l'impunité. D'ardentes passions exaltaient les têtes, trouvaient un écho chez certains fonctionnaires complaisants ou effrayés. La police n'osait arrêter, malgré des ordres formels venus de Paris, des hommes notoirement connus pour s'être associés aux crimes des 25 et 26 juin 1815, et qui sollicitaient encore la faveur populaire, en annonçant de nouveaux pillages et de nouvelles exécutions, en poussant la population ouvrière à se faire justice de ses mains sur des ennemis du roi, que le roi refusait de punir. Le nom même du souverain n'était plus respecté, et il fallut la mort du maréchal Ney pour lui rendre quelque popularité.

Dans le courant du mois de septembre, le bruit s'étant répandu que Louis XVIII avait abdiqué en faveur du duc d'Angoulême, on fit des feux de joie dans plusieurs localités de la Provence. Des réunions avaient lieu dans lesquelles on applaudissait à outrance les orateurs qui demandaient qu'on mît en accusation les juges de Louis XVI, qu'on brûlât publiquement la Charte et qu'on rendît à la couronne ses anciennes attributions.

Les mêmes idées se retrouvaient encore exagérées parmi quelques compagnies d'anciens volontaires royaux, qu'on n'avait pu licencier et qu'animait un si détestable esprit, qu'après les avoir envoyés à Toulon, il fallut les expédier en Corse, pour soustraire la population de cette ville à leur action pernicieuse. La cause du roi était leur prétexte; mais le désordre était leur but. Ces prétendus royalistes qui déshonoraient le parti national entravaient jusqu'à l'action de la justice. Si elle ordonnait, faute de preuves de culpabilité, la mise en liberté de quelques individus arrêtés après les Cent-Jours, ils proféraient contre ces malheureux tant de menaces qu'on était obligé de les faire évader pendant la nuit. Si elle essayait d'instruire les crimes des 25 et 26 juin, et de procéder à l'interrogatoire de ceux que la rumeur publique désignait comme s'y étant mêlés, ces fauteurs de désordre allaient de tous côtés, tenant des propos comminatoires et obligeant les magistrats instructeurs à s'entourer de précautions pour accomplir leur devoir. Ce sont ces sinistres personnages qui assurèrent pour toujours l'impunité aux assassins de Marseille, empêchèrent qu'on ne les poursuivît et maintinrent, pendant plusieurs mois, la ville sous la terreur et dans la crainte de leurs excès.

En prenant possession de son commandement, le général de Partouneaux, dans une proclamation dont le texte est sous nos yeux, s'écriait : « Que des vengeances ne soient plus exercées; qu'on sache qu'elles ne peuvent qu'affliger le cœur du roi et faire gémir l'humanité. Ne voyons plus dans les Français égarés que des hommes que son gouvernement paternel ramènera bientôt ». Malheureusement, ces sages conseils ne furent pas entendus. Pendant longtemps encore, on craignit de sanglantes réactions, et c'est le temps seul qui, secondant la fermeté du gouvernement de la Restauration, put dissiper ces craintes : mais il ne parvint pas à diminuer l'horreur des forfaits que l'esprit de parti avait causés ni à en effacer le souvenir.

CHAPITRE IV

L'ASSASSINAT DU MARÉCHAL BRUNE ET LA RÉACTION A AVIGNON

(Juin-décembre 1815)

I

Comme plusieurs des grandes villes du Midi, Avignon avait impatiemment subi le régime des Cent-Jours. Sa population était en majorité royaliste. Le retour imprévu de Napoléon, le départ du roi, l'invasion nouvelle des armées étrangères coalisées, jetèrent dans ses rangs une violente panique. Elle fut condamnée, pendant plusieurs mois, au régime de l'état de siège. Une fédération dans laquelle entrèrent tous les ennemis des Bourbons se forma; les royalistes furent chassés de la garde nationale qui devint maîtresse de la ville et qui, sous les ordres du général Cassan, placé lui-même sous le commandement du maréchal Brune, général en chef de l'armée du Var, favorisa le libre déchaînement des passions révolutionnaires, ameutées au nom de l'empereur contre la monarchie.

Les habitants n'eurent pas autant à souffrir que ceux de Nîmes du règne des Cent-Jours. Mais les événements qui s'étaient accomplis dans cette dernière ville et notamment le meurtre de quelques-uns des volontaires royaux, licenciés par le duc d'Angoulême, après la capitulation de la Palud, excitèrent dans tout le Comtat, et notamment à Avignon, uue irritation menaçante. Elle éclata le 24 juin, quand arriva la nouvelle de Waterloo et de la déroute de l'armée impériale. Ce fut le signal d'une réaction qui s'annonça avec une extrême riguour. Le drapeau blanc fut arboré. Des bandes parcoururent les rues au cri de « Vive le roi! » Les fédérés qui se réunissaient ordinairement au café du Méridien furent provoqués et insultés. Ils songèrent même à se réfugier de l'autre côté du Rhône, à Villeneuve. Mais les populations du Gard leur barrèrent la route; comme presque en même temps, le bruit s'était répandu que dix mille Marseillais marchaient sur Avignon, on ne voulut pas en laisser sortir des citoyens qui pouvaient en cas d'attaque concourir à sa défense. Sous l'empire de cette crainte, on eut quelques heures d'union. Mais, quand elle se fut dissipée, les excitations recommencèrent.

Le 26 juin, un négociant connu par son attachement à la cause impériale, fut assassiné. Le 28, on apprenait que Marseille était en pleine insurrection, et que le drapeau blanc avait été arboré à Carpentras. Le général Cassan envoya dans cette ville un lieutenant de gendarmerie avec trois brigades pour y rétablir les couleurs tricolores. Cette petite troupe eut la plus grande peine à se protéger contre les fureurs populaires déchaînées et s'éloigna sans avoir pu exécuter les ordres qu'elle avait reçus. Le général Cassan en fut alors réduit à demander des secours à Valence et à Nîmes; c'est seulement le 30 juin qu'un bataillon de la garde nationale de la Drôme vint seconder ses efforts et lui permettre de se porter sur divers points du département déjà soulevés contre l'autorité de l'empereur.

Mais les habitants de Carpentras, plus attachés encore à leurs opinions royalistes que ceux d'Avignon, étaient résolus, maintenant qu'ils avaient relevé le drapeau blanc, à ne pas se laisser de nouveau dominer par les partisans de Napoléon. Quand ils surent que des bataillons fédérés menaçaient leur sécurité, ils envoyèrent des délégués à Marseille, afin d'obtenir un chef et des secours. Les agents du roi dans cette ville mirent à leur disposition le major Lambot, officier de gendarmerie, soldat sans élévation d'âme, dont l'ambition était encore plus avide que son royalisme n'était ardent. Il partit avec eux pour aller prendre possession du commandement militaire dans le département de Vaucluse. Le 6 juillet, il était à Cavaillon [1]. Les royalistes vinrent en grand nombre se ranger autour de lui. Il eut bientôt une petite armée com-

1. Archives du dépôt de la guerre.

posée surtout de paysans et d'ouvriers, auxquels s'étaient réunis tous les vagabonds, tous les gens sans aveu du département. Après avoir rétabli l'autorité du roi et ameuté les populations contre les partisans de l'empire, en provoquant des dénonciations dans plusieurs communes et en opérant un grand nombre d'arrestations, il commença à menacer Avignon, qui ne demandait qu'à se soulever en sa faveur.

Dans la matinée du 14 juillet, un irréparable coup fut porté à la cause impériale par la circulaire de M. de Vitrolles, annonçant l'entrée de Louis XVIII dans Paris. Les royalistes, assurés de la victoire, manifestèrent leurs sentiments avec une telle unanimité que les autorités renoncèrent à tout projet de résistance. Le général Cassan réunit les chefs de corps et leur fit connaître les nouvelles de Paris. Ils refusèrent de prendre la cocarde blanche, alléguant que la circulaire de M. de Vitrolles était peut-être apocryphe et que l'armée n'avait pas fait connaître ses vœux[1]. Vainement, le préfet usa de tous les moyens de persuasion. Ils s'obstinèrent à ne pas céder. La guerre civile était imminente, car la population connaissait sa force et menaçait déjà les fédérés. Le préfet engagea alors le général Cassan à évacuer la place. Ce dernier consulta les principaux chefs fédérés et il fut convenu qu'ils partiraient avec lui, accompagnés de tous ceux de leurs

1. Archives du dépôt de la guerre.

hommes qui voudraient les suivre. Ils quittèrent la ville aussitôt avec les 13e et 35e de ligne, se dirigeant sur le Pont-Saint-Esprit. Ils rencontrèrent en chemin un fort détachement de garde nationale, faisant partie de l'armée du major Lambot. Afin d'éviter l'effusion du sang, les chefs des deux troupes décidèrent qu'ils se laisseraient mutuellement le passage libre. Elles commencèrent à défiler l'une devant l'autre; mais, bientôt, à la suite de paroles injurieuses échangées entre elles, les soldats firent feu sur les royalistes. Ceux-ci, très inférieurs en nombre, durent prendre la fuite. On les poursuivit à coups de fusil. Aucun d'eux ne fut atteint. Mais, ils arrivèrent aux portes d'Avignon, après avoir couru les plus grands périls et exaspérés[1].

Le major Lambot y fit son entrée dans la matinée du 15, traînant à sa suite les bandes indisciplinées qu'il avait recrutées depuis huit jours, formées en grande partie de la lie du peuple, d'individus qui ne respiraient que vengeance et pillage et qui, sous prétexte de faire justice au nom du roi, commencèrent à se livrer au désordre. La population d'Avignon n'était que trop disposée à leur fournir des complices. Depuis le 6 juillet, elle était en état de révolte; l'énergie du préfet et la présence du général Cassan avaient seules pu la contenir. Après leur départ, elle se souleva pour accueillir les défen-

1. Archives du dépôt de la guerre.

seurs de la cause royale et s'associer à leurs passions. Vingt maisons furent livrées au pillage; d'honorables citoyens, maltraités et emprisonnés : « Les rues sont désertes, écrivait le préfet qui attendait son successeur. Tout est en proie à la crainte et à la stupeur[1] ». Il y eut des dénonciations, des visites domiciliaires, des incendies, des meurtres même. Un homme, chargé de conduire un prisonnier à la maison d'arrêt, le tua en plein jour, dans la rue, d'un coup de fusil par lequel une femme fut aussi mortellement atteinte. On arrêta le meurtrier; mais une populace furieuse l'arracha aux mains de ses gardiens et on le vit longtemps porter librement, comme un titre à la reconnaissance publique, le poids de son crime. D'autres assassinats furent commis; on jeta les cadavres dans le Rhône. Une grande obscurité règne sur ces temps déjà lointains. Les archives contiennent la trace de ces assassinats, en termes assez clairs pour qu'il ne soit pas permis de les nier, mais sans renseignements assez précis pour qu'on puisse en préciser la gravité et le nombre.

Ces scènes se renouvelaient hors d'Avignon. Plus tard, les tribunaux retentirent des meurtres commis en juillet et en août à Roussillon, au Pont-des-Trois-Évêques, à Loriol, à Roquemaure, à Carpentras; plusieurs individus furent déférés à la justice, et si elle prononça leur acquittement, sous

1. Archives nationales.

l'empire de terreurs indignes d'elle, elle ne put faire que le sang n'eût été versé et que des êtres humains n'eussent été immolés à la fureur des partis par des misérables demeurés impunis, qui déshonoraient la cause royaliste et dont la crainte seule de diffamer les morts nous oblige à taire les noms, encore qu'ils soient écrits en toutes lettres dans les rapports de police et dans les documents judiciaires.

A dater du 15 juillet, les gens paisibles en furent réduits à souhaiter que les Autrichiens qui, sous les ordres du général Bianchi, s'avançaient vers le Comtat, prissent possession de la ville, afin de la garder contre les fureurs de ses propres enfants. La terreur s'accrut. Les portes d'Avignon furent fermées. On mit à chacune d'elles des gardes nationaux chargés d'empêcher d'entrer ou de sortir quiconque n'était pas muni de passeport. Il y avait parmi ces gardes nationaux un certain nombre d'hommes honnêtes et courageux. Mais on y comptait aussi des exaltés et des violents, ouvriers et portefaix du Rhône, pour la plupart, gens que la colère ou la peur rendaient dangereux. Pour comble de malheur, il n'existait pas de garnison; une poignée de gendarmes en tenait lieu. Les autorités restaient désarmées, impuissantes ou complices des malfaiteurs. Le préfet de l'empereur dont les jours n'étaient plus en sûreté, partit et fut remplacé provisoirement par un conseiller de préfecture; le préfet du roi n'était pas arrivé.

Rien de plus inquiétant que la physionomie d'Avignon durant ces tristes journées. La sécurité des citoyens, de leurs familles, de leurs foyers, dépendait de la fantaisie et du bon plaisir des individus qui tenaient la ville et couvraient du drapeau royaliste leurs ardeurs et leurs passions. Chaque jour, des groupes se formaient aux portes, aux abords des remparts, du côté du Rhône. Les personnes aisées se sentaient en péril. Elles ne pouvaient songer sans frémir aux odieux exploits de Jourdan Coupe-Tête et de ses volontaires qui, vingt-cinq ans auparavant, avaient accompli d'inoubliables crimes. Elles se demandaient si ces temps exécrés n'allaient pas renaître.

Le major Lambot ne fit rien pour mettre un terme à de si légitimes appréhensions. Il laissa le maire, M. Puy, homme énergique, rendu malheureusement impuissant par l'inertie de l'autorité militaire, agir seul. Pour lui, uniquement préoccupé de ne pas déplaire aux exaltés et de faire transformer, par leur protection, en un commandement définitif le commandement provisoire qu'il tenait du marquis de Rivière, commissaire extraordinaire du roi dans les Bouches-du-Rhône, il les laissait agir à leur gré et opérer des arrestations arbitraires qui eurent, en peu de jours, rempli les prisons de la ville et mis sous la main des bandits de nombreux citoyens avec lesquels il fut plus d'une fois question d'en finir par un massacre général. Il se prodiguait en proclamations ardentes qui, loin d'être un appel à l'apaisement, constituaient une excitation criminelle d'un parti contre un autre et livraient à des vengeances prochaines des listes de suspects. Au moment de la formation de la garde nationale, il écrivait : « Les individus qui se refuseraient à partager en ce moment ce service avec leurs concitoyens ne pourraient être considérés que comme des sujets mal intentionnés du roi ; une liste en sera formée pour être imprimée et envoyée aux autorités compétentes, afin qu'ils ne puissent jamais prétendre à la reconnaissance de la patrie et aux faveurs et grâces de leur souverain [1] ». Puis un conseil de guerre fut institué devant lequel, pendant plusieurs jours, et jusqu'à l'arrivée du nouveau préfet, on fit comparaître des individus dont le crime consistait à avoir fait partie de la fédération.

C'est ainsi que par un zèle outré, par des mesures mal entendues, par une faiblesse sans excuse, le major Lambot nuisit à la tranquillité du département qu'il était chargé de pacifier. Lorsque, peu de jours après, la fatalité mit dans ses mains la vie du maréchal Brune, non seulement il ne sut pas la protéger, mais encore il put être accusé de l'avoir compromise par sa négligence. Des plaintes s'élevèrent contre lui ; le 14 août, le ministre de la guerre, sur la proposition du baron Pasquier, révoquait ses pouvoirs et donnait l'ordre au lieutenant-

1. Archives du dépôt de la guerre.

général comte de Partouneaux, qui résidait à Marseille, de le rappeler et d'ouvrir une enquête sur sa conduite à Avignon, enquête à la suite de laquelle il fut envoyé en disgrâce dans l'Isère comme commandant de la gendarmerie.

II

Le maréchal Brune, ainsi que nous l'avons précédemment raconté, était parti de Toulon le 1er août à trois heures du matin, muni d'un passeport de M. de Rivière, accompagné de trois aides de camp, MM. Allard, Bourgoing et Degand, d'un jeune homme qui lui servait de secrétaire, M. Guen, et de M. de Maupas, attaché à l'état-major du commissaire royal. Ses chevaux, au nombre de vingt et un, conduits par des piqueurs, le suivaient et une escorte de quarante chasseurs du 14e, sous les ordres d'un officier, devait protéger sa route aussi longtemps qu'elle pourrait offrir quelque danger. Assurément, c'était là un train bien considérable pour traverser des contrées manifestement hostiles à la cause que le maréchal venait de servir. Il semble qu'il eût mieux fait de conserver l'incognito pendant son voyage. Mais il ne se croyait pas menacé. Ainsi s'explique l'imprudence qu'il commit en se mettant en chemin avec un tel apparat et en conservant sur ses vêtements les insignes de son grade.

Il était vêtu d'un habit de drap gris, d'un gilet de basin blanc, d'un pantalon bleu collant, enfermé dans des bottes auxquelles étaient attachés des éperons d'argent. Une cravate de taffetas noir ceignait son cou sur une chemise de toile fine. Un tricorne orné de plumes blanches avec un gland d'or couvrait sa tête. Il portait sur lui, outre quelques papiers parmi lesquels sa correspondance secrète avec Bonaparte, une somme de 27 500 francs, enfermée en partie dans une ceinture de cuir.

La route de Toulon à Aix fut parcourue sans encombre. Aux abords de cette ville, il chargea le capitaine Allard de se rendre, avec M. de Maupas, auprès du comte de Nugent, général des troupes autrichiennes, et de lui remettre une lettre que M. de Rivière lui avait donnée pour cet officier supérieur. Le capitaine Allard revint bientôt avec un colonel hongrois suivi de quelques cavaliers, chargé de complimenter le maréchal et de lui faire escorte jusqu'au delà d'Aix. On se remit en route. Mais, à l'entrée de la ville, une foule furieuse se précipita au-devant des voitures et voulut les arrêter. Les Hongrois durent charger cette foule pour la contenir, tandis que les postillons, fouettant leurs chevaux, traversaient les rues à fond de train. A Orgon, à Géménos, à Saint-Andéol, il y eut encore des manifestations hostiles. Aussi ce fut une faute grave de la part du maréchal de consentir à se séparer de son escorte dont le commandant allégua, pour obtenir de s'éloigner, la fatigue de ses hommes.

Lorsque le maréchal se trouva seul avec ses aides de camp, ils le supplièrent d'éviter Avignon et de passer par Orange. Mais l'aubergiste de Saint-Andéol affirma que la route d'Orange était impraticable aux voitures, et que, d'ailleurs, un passeport, signé du marquis de Rivière, couvrait le maréchal d'une efficace protection.

« Je n'ai jamais fait de mal à personne, ajouta Brune, et je n'ai rien à craindre de qui que ce soit. »

Il autorisa seulement le capitaine Allard et M. Guen, son secrétaire, à passer par Orange avec ses domestiques et ses chevaux qui d'ailleurs, arrêtés en route, furent retenus prisonniers à La Palud pendant toute la jonrnée du 3 août. C'est ainsi que le malheureux soldat fut poussé par la fatalité vers Avignon, où il devait trouver la mort, après l'avoir glorieusement bravée sur tous les champs de bataille de l'Europe.

Il arriva dans cette ville le 2 août 1815, entre dix et onze heures du matin. Il était seul dans sa calèche, MM. Bourgoing et Degand, ses aides de camp, le suivaient dans une autre. Il se fit conduire à l'hôtel du Palais-Royal, où il devait relayer, et resta dans sa voiture, devant la porte de l'hôtel, tandis que le postillon changeait en toute hâte les chevaux. Néanmoins, il fut reconnu par un officier retraité qui avait autrefois servi avec lui dans le 6e de ligne. Le bruit de l'arrivée du maréchal se répandit en quelques minutes et fut rapporté à M. Verger, fils du procureur du roi et capitaine de la garde nationale, chargé, ce jour-là, de la police de la cité. M. Verger crut devoir aller prendre les ordres du major Lambot. Ignorant les événements de Marseille, celui-ci n'était que trop disposé à voir dans le maréchal un ennemi du roi, et voulut examiner ses passeports.

Mais, au lieu de se rendre lui-même auprès de son supérieur hiérarchique, ainsi que le lui ordonnaient les convenances, la discipline et la prudence, il chargea M. Verger d'aller faire connaître sa volonté au maréchal et de suspendre son départ. Le jeune capitaine obéit. Il se rendit à l'hôtel du Palais-Royal et y arriva au moment où le maréchal allait partir. Déjà des groupes assez nombreux s'étaient formés aux abords de la voiture. Des gens à mine provocatrice arrivaient peu à peu de tous côtés, comme s'ils eussent obéi à un mot d'ordre. Des propos menaçants circulaient de bouche en bouche. On disait que le maréchal avait trahi Louis XVIII. On rappelait les rigueurs de son commandement pour les critiquer avec âpreté. On racontait encore qu'il était à Paris lors des massacres de septembre, et qu'il avait figuré parmi les assassins de la princesse de Lamballe, — calomnie odieuse propagée par des pamphlets et dénuée de tout fondement, puisque le 2 septembre, date de la mort de l'infortunée princesse, le maréchal, alors simple officier, faisait partie du corps d'armée qui couvrait Thionville et ne revint à Paris que le 22, pour occuper dans les bureaux de la guerre un poste de confiance. Mais la foule est crédule, et l'abominable accusation circulait dans les groupes, racontée avec violence. Déjà des vociférations se faisaient entendre. On criait :

« Il faut l'arrêter, le f... au Rhône! C'est un assassin! »

Dans la cour de l'hôtel, quelques personnes parmi lesquelles se trouvait le baron de Saint-Chamans, nouveau préfet de Vaucluse, arrivé le matin, et qui n'avait pas encore pris possession de sa préfecture, attendaient anxieusement le départ du maréchal, mêlées tout à coup au drame dont les péripéties commençaient à se dérouler, blâmant l'imprudence qui l'avait conduit à Avignon. Le préfet, averti, était venu le saluer à la portière de sa voiture, et maintenant, il souhaitait qu'il s'éloignât. Le capitaine Verger apparut pour exécuter les ordres qu'il venait de recevoir :

« Monsieur le maréchal, dit-il, le major Lambot, qui commande le département, désire voir lui-même vos papiers, et je viens, de sa part, vous les demander.

— Il n'attend pas sans doute que j'aille les lui présenter! fit vivement le maréchal....

— Je me chargerai volontiers de les lui apporter. Vous pouvez me les confier.

— Les voici, monsieur; mais veuillez vous

presser. Je vous attends ici et vous devez comprendre que la position n'est pas bonne. »

Le capitaine Verger prit les papiers et courut vers la maison du major Lambot, voisine de l'hôtel. Pendant ce temps, le cercle formé sur la place par une foule qui grossissait toujours, se resserrait de plus en plus. Des individus à l'attitude malveillante passaient et repassaient devant la voiture, regardant à travers les glaces le maréchal qui, les bras croisés, attendait, 'impassible, l'autorisation de partir. Le propriétaire de l'hôtel, le sieur Molin, allait et venait, secondant quelques gendarmes qui, sous les ordres d'un commissaire de police, essayaient de contenir le flot des curieux.

Tout à coup l'un d'eux s'arrêta devant la voiture, et, désignant le maréchal à ceux qui l'entouraient, il dit :

« Admirez l'assassin de la princesse de Lamballe ! »

Le maréchal n'entendit pas proférer ces paroles ; mais il comprit sans doute au mouvement qui se fit parmi le peuple qu'on l'excitait contre lui, et il porta dans la direction de l'hôtel un regard où se montrait plus d'impatience que d'inquiétude.

M. de Saint-Chamans se montra en cet instant sur le seuil du Palais-Royal et s'adressant au maréchal :

« Partez, lui dit-il ; partez, je vous en supplie. Vous n'êtes plus en sûreté.

— Je voudrais être parti, mais mes papiers ?

— Je vous les enverrai par un gendarme. Il vous rejoindra sur la route d'Orange. Mais sortez de la ville. »

Le maréchal donna un ordre au postillon qui toucha ses chevaux, en écartant la foule d'un coup de fouet et fila rapidement. Les voitures franchirent la porte de l'Oulle, avant que les plus violents et les plus exaltés des hommes qui s'étaient mis à courir derrière elles eussent pu les atteindre. Tous ceux qui regardaient cette scène crurent le maréchal sauvé, et un même soupir de soulagement s'échappa de toutes les poitrines. Mais ils avaient compté sans un incident douloureux. Le maréchal venait de dépasser les remparts. Soudain les gardes nationaux, comme s'ils se repentaient de ne s'être pas opposés à son départ, ou obéissant à un mot d'ordre nouveau, s'élancèrent à la tête des chevaux et les continrent si vigoureusement que le postillon dut renoncer à passer outre.

« Que me veut-on encore? demanda le maréchal en se penchant au dehors.

— Vos papiers, répondit le chef de poste.

— Ils sont chez le major Lambot; on va me les rapporter.

— Je ne peux vous laisser partir sans les avoir vus. »

Ces paroles, prononcés sur le ton de la menace, trouvèrent un bruyant écho parmi la foule. Elle y répondit par des clameurs ardentes. Plusieurs personnes, témoins de ces faits, eurent alors le sentiment très net que la mort de l'infortuné soldat était résolue, et qu'il n'échapperait pas aux assassins. Le quai du Rhône, les rues intérieures qui aboutissent à la porte de l'Oulle, la place sur laquelle est située l'hôtel du Palais-Royal, venaient d'être soudainement envahis par une multitude ameutée. Il y avait des hommes accrochés aux arbres, d'autres debout sur les toits, et des cris de vengeance et de mort sortaient de milliers de bouches.

En présence du péril que courait le maréchal, quelques braves gens s'élancèrent pour lui porter secours, et parmi eux le préfet, le maire, le capitaine Acart, le commandant d'armes Vernety, le colonel Hugues, M. de Balzac, le conseiller de préfecture Boudon, le capitaine Morel, de la garde nationale, un officier retraité, M. Casimir Soulier, fils d'un ancien député. Tandis qu'ils se dirigeaient en toute hâte vers la voiture, le capitaine Verger, revenant avec les malheureux papiers, cause de tout le mal, les avait devancés. Il tenait ces papiers à la main, agitait pour se faire faire place.

« Voici le sauf-conduit, criait-il, il est en règle; il porte la signature du marquis de Rivière. Le maréchal a le droit de continuer son voyage. »

Malheureusement on ne l'entendait pas, ou plutôt on ne voulait pas l'entendre. Il jeta le passeport dans la voiture, en criant au postillon de partir. Mais du bout de son fouet, celui-ci montra avec découragement la barrière humaine qui se dressait infranchissable et tumultueuse, à la tête de ses chevaux. M. Verger se précipita dans la mêlée, l'épée à la main, sommant les énergumènes et les vociférateurs de se retirer. On lui répondit en essayant de couper les traits; puis, comme il avait saisi l'un des bandits à la gorge et le menaçait de son sabre, un autre arracha un fusil des mains d'un garde national et coucha en joue ce courageux citoyen qui cherchait, au péril de ses jours, à sauver ceux du maréchal.

Le préfet et les personnes qui l'accompagnaient arrivaient alors et parvinrent à dégager la voiture. Le préfet s'adressa à la foule, l'adjurant de laisser partir le maréchal. Un formidable cri couvrit sa voix :

« A mort, l'assassin de la princesse de Lamballe !

— Cette accusation est fausse, répondit-on; Brune n'était pas à Paris quand la princesse fut assassinée. »

Les mêmes vociférations reprirent. Ce fut alors un trouble inexprimable. Le préfet, le maire, parlaient tour à tour, suppliaient leurs concitoyens d'épargner à la ville l'éternelle honte d'un si grand crime, de ne pas verser le sang innocent. Le commissaire de police d'Avignon, Bressy-Portingon qui revenait avec le chirurgien Louvel-Beauregard, de vérifier le cadavre d'un fédéré assassiné la veille et jeté dans le Rhône d'où l'on venait de le retirer, se joignit à eux. Mais on ne les écoutait pas. La passion, des préventions funestes, cette soif de meurtre qui s'empare du peuple à certaines heures, parlaient plus haut que leurs accents. Le préfet encore inconnu, puisqu'il était arrivé le matin seulement, se nomma de nouveau, réclama, au nom du roi, le respect de son autorité, l'obéissance de tous. Un individu, nommé Nadaud, lui répondit :

« Je ne connais pas de préfet. C'est moi qui suis le préfet.

— Mais malheureux, s'écria le maire, allez-vous frapper un illustre soldat, un fidèle serviteur du roi, qui se rend à Paris par ses ordres?

— A mort! à mort! hurlèrent ces forcenés. Au Rhône, l'assassin! »

Immobile dans sa voiture, comprenant qu'il était à la merci de ces misérables, et que s'il mettait pied à terre, il serait écharpé par eux, le maréchal suivait d'un œil attristé, mais calme, ces terribles scènes. Séparé de ses aides de camp qu'on retenait prisonniers dans leur chaise de poste, il attendait avec une courageuse résignation la fin de cette émeute, assez maître de lui pour adresser à chaque instant des remercîments à ceux qui se dévouaient en ce moment afin de préserver son existence.

Cependant leur courage était à bout. Ils ne pouvaient attendre aucun secours et jugèrent que la prudence ordonnait de ramener le maréchal à l'hôtel pour l'y mettre à l'abri. Ordre fut donné au postillon de revenir sur ses pas. Alors, quand on vit les voitures se retourner pour rentrer en ville, une immense acclamation s'éleva, venant des bords du Rhône, couverts d'un peuple furieux, des rues voisines, descendant des toits chargés d'individus qui s'étaient hissés jusque-là pour mieux voir. Ce cri formidable s'enflait peu à peu, grossissait, écho de passions homicides, enveloppant tous les spectateurs dans une effrayante clameur. Le son des tambours battant la générale, les lugubres accents du tocsin, se mêlaient comme un glas à ces hurlements de bêtes fauves.

Les défenseurs du maréchal marchaient serrés et compactes autour de la voiture, repoussant les insulteurs, espérant encore qu'ils le ramèneraient sain et sauf jusqu'à l'hôtel du Palais-Royal. Quand ils eurent dépassé la porte de l'Oulle, ils furent assaillis par une grêle de pierres. Elles brisèrent les glaces de la calèche. Aucun d'eux cependant ne fut grièvement atteint. Aux approches de l'hôtel, une poussée violente les sépara de celui qu'ils cherchaient à défendre. Ils crurent que, cette fois, c'en était fait de lui. Mais il n'avait rien perdu de son sang-froid et, profitant d'un effort désespéré du postillon qui jeta ses chevaux contre les murs de l'hôtel, il ouvrit la portière et sauta légèrement sous le porche.

« Fermez la porte », cria une voix.

C'était l'aubergiste Molin qui venait de parler. Il fut obéi. La porte close, on la barricada, afin de seconder les efforts de ceux des défenseurs du maréchal qui s'étaient groupés au dehors pour résister à la foule[1].

1. Tous ces détails, rigoureusement exacts, sont extraits des dépositions des témoins entendus dans l'enquête qui eut lieu ultérieurement.

En même temps, la chaise de poste dans laquelle se trouvaient les aides de camp avait été conduite par les émeutiers à une autre porte de l'hôtel. Les deux officiers, injuriés et maltraités, avaient été enfermés et gardés à vue dans une cave, d'où l'on ne put les faire évader que le soir, et quand leur chef, dont ils avaient été impuissants à sauver les jours, avait cessé de vivre.

III

Lorsque le maréchal se vit en sûreté, il demanda une chambre, en manifestant le désir d'écrire à sa femme. Le maître de l'hôtel, Molin, le conduisit au premier étage, dans un appartement dont les croisées donnaient sur une cour et l'y laissa seul. Au dehors, l'attroupement augmentait toujours. Le major Lambot, inquiet des suites de sa coupable légèreté, se décida alors à se montrer et à se joindre aux autorités qui, rangées devant la porte de l'hôtel, s'efforçaient d'apaiser les esprits. Il fit même placer des gendarmes au fond de la place, afin de contenir la foule. Il est vrai que celle-ci ayant protesté contre leur présence, il ne voulut pas la mécontenter et leur donna l'ordre d'aller stationner dans une rue assez éloignée des lieux où une troupe énergique eût été nécessaire. Pour les remplacer, il manda des volontaires royaux qu'on organisait en régiment sous le nom de chasseurs d'Angoulême.

Étrangers à la ville, mais partageant ses passions, ces soldats n'étaient pas disposés à s'aliéner les sympathies de la population, en défendant le maréchal Brune. L'exemple des gendarmes les aurait sans doute entraînés; mais, livrés à eux-mêmes, après le départ de ceux-ci, ils devinrent inutiles et même nuisibles à sa cause. Ils n'entendirent, au surplus, ni dans la bouche du major Lambot, ni dans celle de leurs officiers, aucun accent propre à réchauffer leur zèle et à leur montrer le devoir.

De l'intérieur de l'hôtel, on entendait les cris de fureur que poussaient les individus qui voulaient la vie du maréchal. On entendait les efforts désespérés des braves gens qui se dévouaient pour la protéger et qui, placés devant la porte, adressaient en vain aux assaillants des discours perdus dans le tumulte.

« A moi, braves Avignonnais! s'écria le maire; empêchez qu'un crime odieux ensanglante et déshonore notre cité. »

Mais on lui répondait par des cris de colère, on le menaçait lui-même. L'autorité du préfet qui parlait au nom du roi était également méconnue. En vain, il alla jusqu'à proposer d'emprisonner le maréchal et de confier au peuple la garde de sa prison, on ne l'écoutait pas.

« Nous voulons sa tête, hurlait-on; c'est un assassin, il doit périr, et malheur à ceux qui voudront le sauver! »

Un individu dit même au préfet :

« Si l'on ne nous eût point empêchés l'année dernière de massacrer cet infâme Bonaparte, nous ne serions pas où nous en sommes à présent. Si nous épargnons celui-ci, qui nous dit qu'il ne viendra pas, dans six mois, nous livrer à la fureur des fédérés, dont plusieurs d'entre nous ont été déjà les victimes? Le gouvernement ne punit point les coupables. Eh bien, nous saurons nous faire justice nous-mêmes[1]. »

Parfois un choc violent faisait trembler la porte de l'hôtel. Les misérables tentaient de l'enfoncer; mais elle était solide, fortifiée par des poutres arc-boutées, et résistait à leur fureur. Ils essayèrent tour à tour d'y mettre le feu, puis de la démolir à coups de hache. Ils commencèrent même l'assaut de la maison, à l'aide d'échelles qui atteignaient le premier étage. Ces tentatives d'abord furent vaines; mais les autorités ne conservaient plus d'illusions, cette foule acharnée à sa proie ne se lasserait pas, et le maréchal, ne pouvant être délivré ni par la force armée qui manquait, ni par une fuite devenue impossible, finirait par tomber dans ses mains.

Pendant ce temps, le maréchal Brune, enfermé dans sa chambre, avait écrit deux lettres, l'une à sa femme, qu'il déchira ensuite et dont les morceaux furent retrouvés dans la cheminée; l'autre au comte de Nugent, général en chef des armées autri-

1. Tous ces traits sont empruntés aux enquêtes judiciaires.

chiennes, pour lui demander du secours. Nous avons tenu entre nos mains, aux archives du dépôt de la Guerre, les dernières lignes tracées par l'infortuné soldat. L'écriture en est ferme; la main qui les a écrites ne tremblait pas. En voici le texte :

« Monsieur le comte,

« Ma convention avec M. de Rivière a été faite d'après vos propositions. Je me trouve sous la protection de votre Excellence et je suis arrêté à Avignon. Je vous prie d'agir dans cette circonstance avec la générosité qui vous caractérise. Je n'ai pas même les moyens de recourir au général d'armée.

« Agréez, monsieur le comte, les assurances de ma plus haute considération.

« Maréchal BRUNE. »

Le maréchal sonna et demanda une bouteille de vin de Bordeaux au domestique accouru à son appel. Il voulut parler ensuite à Mme Molin. Elle se rendit auprès de lui. Il la pria de trouver quelqu'un qui pût porter sa lettre au général de Nugent [1]. Puis, il l'invita à faire prendre dans sa voiture les armes qui s'y trouvaient. Il adressa la même requête au préfet, déclarant qu'il aimait mieux en finir lui-même avec la vie que de tomber aux mains de cette « vile canaille ». De nouveau il

1. Cette lettre, remise au préfet, ne put être envoyée à temps.

resta seul, tandis qu'au dehors, l'émeute continuait avec une violence que les autorités ne pouvaient apaiser. Une heure après, le bruit de sa sonnette se fit encore entendre. Il voulait de l'eau. Le domestique, qui l'avait déjà servi, la lui apporta et surprit dans le corridor sur lequel s'ouvrait la chambre du maréchal, plusieurs individus qui venaient de s'introduire par les lucarnes du toit. Il les interrogea; ils lui répondirent en menaçant de le tuer, s'il parlait. La terreur lui cloua la bouche et il descendit en toute hâte.

Soudain deux coups de feu retentirent. En ce moment, devant la porte de l'hôtel, le maire, M. Puy, les yeux remplis de larmes, les vêtements en désordre, la voix brisée, tentait un dernier effort pour éloigner les furieux. Le bruit des détonations se succédant presque coup sur coup fit lever toutes les têtes. On vit alors sur le balcon de l'hôtel paraître un individu qui portait en bandoulière un sac de chasse en cuir duquel sortait la crosse d'un pistolet. Il brandissait une autre arme, et s'écria joyeusement :

« Il est mort! il s'est tué pour échapper à la vengeance du peuple. »

Cet individu était un ouvrier en soie, nommé Farges. Derrière lui, un portefaix du port d'Avignon, Guindon dit Roquefort, revêtu de son uniforme de garde national, confirmait par des gestes significatifs les paroles de son compagnon, auxquelles la populace applaudit, en poussant des cris de victoire. Bientôt le major Lambot vint à son tour annoncer que le maréchal Brune s'était suicidé; il engagea les citoyens à se retirer, afin de permettre le rétablissement de la tranquillité publique troublée depuis le matin.

Cependant, les personnes présentes dans l'hôtel s'étaient précipitées vers la chambre du maréchal où les suivirent celles qui venaient d'en défendre l'accès au péril de leurs jours. Dans le corridor, se pressaient plusieurs individus fuyant de tous côtés. C'étaient ceux que, quelques instants auparavant, le domestique Laporte avait surpris s'introduisant dans la maison par les toits. On dut passer au milieu d'eux pour arriver jusqu'à la chambre sur le plancher de laquelle le maréchal était étendu, couché sur le ventre, le visage dans une mare de sang. Il ne vivait plus; mais le corps conservait encore sa chaleur. Il avait reçu « deux blessures de forme orbiculaire, du diamètre de quatorze millimètres environ, l'une située à la partie antérieure, un peu latérale, droite, dite larynx, pénétrant d'outre en outre au travers du cou et correspondant à une autre plaie située derrière le dos entre les deux épaules, entre la troisième et la quatrième vertèbre cervicale ». Ces deux blessures provenaient du même coup d'arme à feu. La balle dans son trajet avait fracturé non seulement le corps des vertèbres, mais avait déchiré les artères et lésé les parties essentielles de manière à déterminer une mort presque immédiate. Les assassins avaient négligé de fouiller les vêtements dans lesquels ils laissèrent, avec la somme de 27 500 francs en or, un cachet d'argent, un couteau, un mouchoir et une montre. Mais on ne doit en savoir gré qu'à la précipitation de leur fuite, car, après le crime, ils allèrent s'emparer des bagages du maréchal restés sur sa chaise de poste, les ouvrirent et s'en partagèrent le contenu dont une partie fut vendue[1].

Nous devons raconter maintenant comment s'était accompli l'événement. Mais il importe d'abord de faire remarquer que les détails authentiques sont rares à cet égard et que, lorsque la justice, écartant enfin la fable du suicide, essaya de reconstituer la vérité, c'est à travers des dépositions souvent contradictoires qu'elle dut la rechercher. Nous ferons comme elle, en suivant ses traces et en laissant de côté les affirmations invraisemblables émises par certains témoins qui voulaient servir les coupables et non les accuser.

Comme nous l'avons dit, ceux-ci ayant pénétré dans l'hôtel par le toit se précipitèrent vers la chambre du maréchal. Qui la leur avait désignée? Comment parvinrent-ils à la découvrir? Il n'a jamais été répondu à ces questions, et l'auteur de la trahison est demeuré inconnue. Le maréchal était seul; il écrivait. Au bruit que faisaient les

1. Ces informations résultent du procès-verbal qui fut dressé aussitôt après la mort du maréchal par MM. Piot, juge d'instruction, Louvel-Beauregard, chirurgien, Martin, officier de santé, en présence du préfet, du procureur du roi, du major Lambot, du commissaire de police et de divers officiers.

envahisseurs, il se leva, déchirant en morceaux la lettre commencée. Il resta debout, tandis que brusquement la chambre se remplissait.

« Que voulez-vous? demanda-t-il.

— Punir l'assassin de la princesse de Lamballe, répondit un jeune homme.

— Je n'ai jamais été l'assassin de personne, s'écria le maréchal. Si j'ai répandu le sang, c'est en défendant la patrie et en répandant le mien. J'ai vieilli sous les drapeaux de l'honneur, et je n'y ai jamais failli. J'étais à soixante lieues de Paris, quand fut commis le meurtre dont on ose m'accuser.

— Tu mourras!

— J'ai appris à braver la mort et je peux vous épargner un crime. Donnez-moi une arme et accordez-moi cinq minutes pour écrire mes dernières volontés. »

Le taffetassier Farges, s'avança vers lui, en disant :

« Tu veux la mort, la voilà. »

Et il déchargea son pistolet sur sa victime, sans lui faire toutefois aucun mal, car la balle effleura seulement les cheveux et alla trouer le plafond.

« Tu l'as manqué, s'écria le portefaix Guindon; ôte-toi de là, c'est mon tour. Je vais te faire voir comment il fallait faire. »

Épaulant rapidement sa carabine, il tira par derrière sur le maréchal, qui tomba sans pousser un cri. La balle entrée au bas du cou, entre la troisième et la quatrième vertèbre cervicale, était sortie par le larynx. La mort fut instantanée.

Voilà tout ce qu'on sait du drame sanglant qui s'accomplit dans cette chambre d'auberge, le 2 août 1815. Désireux d'écarter d'eux le châtiment de leur crime, les assassins essayèrent de l'attribuer à un suicide. Le maréchal leur en avait lui-même inspiré la pensée, en demandant des armes avec lesquelles il voulait sans doute, non mettre fin à ses jours, mais se défendre. Ils ne songèrent pas que la disposition des blessures donnerait un démenti à leur assertion, et firent tout ce qu'il fallait pour l'accréditer. Ils étaient, eux et leurs complices, redoutables et redoutés, capables de tirer de quiconque oserait les dénoncer une terrible vengeance. Il leur fut donc facile, non seulement d'obtenir, par la menace, le silence de ceux qui avaient été témoins de leur forfait, mais encore de bénéficier longtemps de l'avis du chirurgien commis à l'étude des blessures, et qui d'abord n'osa contester que le maréchal se fût suicidé. Cette version parut acceptée par tout le monde[1]. Terreur ou mauvaise foi, personne ne fit effort pour la contredire. Il y eut même des faux témoins pour la corroborer. Un serrurier nommé Didier, un boucher nommé Boudon, un fileur en soie nommé Girard, affirmèrent avoir vu le maréchal se saisir du pistolet d'arçon d'un chasseur d'Angoulême, et se brûler la cervelle; leur déclaration fut consignée dans le procès-verbal dressé

1. Ce même jour le major Lambot écrivait au ministre de la guerre qu'il avait une *désagréable nouvelle* à lui annoncer.

aussitôt après le décès. Les magistrats ne firent pas même appeler le maître d'hôtel Molin, qui déclara plus tard qu'il aurait refusé de signer le procès-verbal si on le lui avait soumis, parce qu'il y était dit que le maréchal s'était suicidé, tandis qu'il avait la conviction qu'il venait de périr assassiné. Cette conviction, beaucoup d'autres personnes la partageaient. La crainte de devenir l'objet de la vengeance des assassins les empêcha seule de parler; il fallut le dévoûment héroïque de la maréchale Brune à la mémoire de son mari, son ardeur à la réhabiliter, pour faire proclamer tout haut ce que la plupart des témoins de ces événements se disaient tout bas.

Vers cinq heures, l'instruction étant close, des fossoyeurs furent appelés, par l'ordre du maire, afin d'ensevelir le corps. Mais le propriétaire de l'hôtel, pressé de voir s'éloigner de sa maison les attroupements, demanda que l'ensevelissement eût lieu au cimetière. Le corps fut placé tout vêtu dans une bière et partit escorté d'une compagnie de garde nationale et d'un piquet de ligne qui marchaient à grands pas, suivis d'un grand nombre d'individus armés, auteurs ou complices de l'émeute qui venait de se dénouer tragiquement. Ces individus commencèrent par proférer des injures sur le passage du cadavre; puis ils crièrent aux porteurs de ralentir le pas, en les menaçant de tirer sur eux, s'ils n'obéissaient. L'officier qui commandait l'escorte donna un ordre contraire. Les porteurs effrayés s'arrêtèrent et posèrent le brancard au milieu de la rue. La foule alors se précipita sur le cercueil, s'empara du mort et se dirigea, en hurlant, vers le pont de la Barthelasse, d'où elle le précipita dans le Rhône. Des coups de fusil au nombre d'une trentaine furent tirés. Aucun n'atteignit le cadavre. Puis une main écrivit à la craie ces mots sur l'une des poutres du pont : Ici est le cimetière du maréchal Brune, 2 aout 1815.

Les restes mutilés du maréchal furent conduits par le courant du Rhône au delà de Beaucaire. La nouvelle du crime les y avait précédés, et des habitants du pays, — d'anciens soldats, dit-on, — reconnurent dans ces chairs décomposées le vaillant homme de guerre que la populace d'Avignon avait égorgé. Ils s'empressèrent de les recueillir afin de leur donner la sépulture. Mais, comme ils commençaient à creuser une fosse pour les y déposer, ils furent rejoints par quelques-uns des assassins qui, depuis Avignon, suivaient le cadavre, en longeant le fleuve, et qui leur interdirent de l'enterrer. Les bandits voulaient qu'il fût dévoré par les oiseaux de proie; ils eurent l'horrible courage de veiller là longtemps, afin d'assister à ce dernier trait de leur fureur.

Le soir venu, ils s'éloignèrent. Un pêcheur du Rhône, nommé Berlandier, put enfin, grâce à un homme de cœur, M. Laugier de Chatrouse, propriétaire du pays, rendre à la terre cette triste dépouille qui n'en fut retirée qu'un peu plus tard, quand la maréchale, ayant envoyé sur les lieux un fidèle serviteur de son mari, la réclama. Transporté au château de Saint-Just, le cercueil y fut déposé dans une galerie où la maréchale jura qu'il resterait jusqu'à ce qu'elle pût inscrire, à côté du nom du mort, l'arrêt de condamnation des assassins.

V

La noble veuve du maréchal refusa d'accepter un seul jour la version du suicide, et de croire que son mari eût péri autrement qu'égorgé. Elle demanda la lumière; elle sollicita une instruction. Mais on lui opposa l'impossibilité de procéder à une enquête dans un pays où les passions étaient encore si violentes, et les auteurs des crimes de 1815, si redoutés, que juges et témoins, terrifiés, refusèrent, les uns de faire bonne justice, les autres de raconter ce qu'ils avaient vu. Désespérée, mais vaillante à la mission qu'elle s'était donnée de réhabiliter la mémoire de son mari, la maréchale intenta un procès en calomnie à Martainville, rédacteur en chef du *Drapeau blanc*, qui avait déclaré que le maréchal s'était bien réellement suicidé. L'arrêt répondit que Brune étant mort, ce qu'on avait à dire sur son compte était de l'histoire.

Alors, dans le silence et dans la retraite, avec le

concours d'un avocat déjà célèbre, M. Dupin aîné, la courageuse femme entreprit elle-même de rétablir la vérité. Ce fut une œuvre longue, difficile, ainsi qu'on en peut juger par cette lettre d'un des témoins dont elle obtint les aveux : « J'ai une recommandation à vous faire. Profitez de mes renseignements sans me nommer. Si j'étais nommé, la moindre chose qui pourrait m'arriver serait l'incendie de mes propriétés[1] ». Mais la maréchale mena sa tâche à bonne fin, et quatre ans plus tard, en 1819, la sanglante tragédie était reconstituée, avec sa physionomie terrible, prouvée et démontrée par d'indéniables témoignages.

Le 29 mars de cette année, elle adressa une requête au roi, dans laquelle elle accusait de l'assassinat le sieur Farges, taffetassier, et le sieur Guindon dit Roquefort, portefaix. Elle demandait que les assassins fussent poursuivis et traduits devant les tribunaux. Mais, elle demandait également que le procès fût porté devant la cour de Paris, les magistrats du ressort dans lequel le meurtre avait eu lieu devant être déchargés, pour cause de suspicion légitime, du soin d'en connaître.

« Je demande, Sire, justice du meurtre de mon époux, s'écriait-elle dans sa supplique, justice de l'outrage fait à son cadavre, justice de l'insulte faite à sa mémoire par ceux qui ont osé l'accuser de suicide. Cette justice, je la demande au roi, je la

1. Archives nationales.

demande à ses ministres, je la demande aux chambres, je la demande à la nation entière. »

Peu de jours avant, à la tribune de la Chambre des députés, le garde des sceaux, M. de Serre, avait dû reconnaître que les forfaits du Midi, le meurtre du général Ramel à Toulouse, la tentative d'assassinat sur le général Lagarde à Nîmes, les sinistres exploits de Trestaillons dans la même ville et les massacres de Marseille étaient demeurés impunis. Parlant de quelques-uns des assassins traduits devant la cour de Riom, il s'était écrié : « Il a été impossible d'obtenir la déposition d'un seul témoin contre eux. Ces témoins, la terreur les avait glacés ».

L'opinion s'émut et s'indigna. Mme Brune, qui avait fait adresser sa requête à tous les maréchaux de France, trouva auprès des anciens compagnons d'armes de son mari, auprès du duc d'Albuféra notamment, le concours le plus actif. Elle put espérer que justice serait enfin rendue. L'instruction commença. Mais l'un des coupables, Farges, était mort; quant à l'autre, Guindon, après avoir promené, longtemps et impunément, sa criminelle personne dans les rues d'Avignon, il avait pu se dérober à des poursuites de l'activité et de l'ardeur desquelles il est permis de douter quand on voit que, le 22 novembre 1819, des gendarmes furent menacés de peines disciplinaires par le procureur du roi d'Avignon pour avoir tiré sur Guindon, non pour le tuer, mais pour l'effrayer, au moment où, reconnu par eux sur les bords du Rhône, il s'échappait en sautant dans une barque[1].

L'instruction, menée avec un soin scrupuleux et dont l'analyse est conservée aux Archives nationales, démontra combien avait été équivoque, après la mort du maréchal Brune, l'attitude de quelques-uns de ceux à qui s'imposait le devoir de rechercher la vérité. Déjà M. Louvel-Beauregard, le chirurgien, revenant sur une déclaration qui lui avait été en quelque sorte imposée, avait démontré, par des preuves irréfutables, que le maréchal était mort assassiné. Puis des doutes s'élevèrent sur la question de savoir si le procès-verbal dressé après le meurtre, et où figuraient les témoignages des sieurs Boudon et Didier, sur lesquels s'était établie la version du suicide, avait été clos le 2 août, à quatre heures, ainsi que le prétendait le juge d'instruction, si c'est le jour même que ces témoins furent entendus ou seulement le lendemain. Il fut prouvé que leurs dépositions si graves avaient été recueillies après coup, sans qu'on songeât à les opposer les unes aux autres.

Didier, Boudon et Girard furent interrogés de nouveau. Ce dernier, qui s'était toujours borné à des allégations vagues, affirma, contradictoirement au dire des deux autres, que le maréchal n'avait eu à sa disposition d'autre arme qu'un couteau de table. Quant au chasseur d'Angoulême auquel il

1. Archives nationales.

avait, disait-on, arraché son pistolet, on ne put le retrouver. On en découvrit un en revanche qui prétendit que son capitaine, l'ayant surpris au moment où il annonçait à un de ses camarades que Brune venait d'être assassiné, s'était écrié : « Dites qu'il s'est tué, ou je vous mets en prison pour quinze jours ».

Bien d'autres traits vinrent encore faire éclater la vérité et prouver d'une manière irréfutable que, dès le lendemain, tous les gens de bonne foi, même ceux dont la peur avait si longtemps tenu la bouche close, étaient convaincus de la réalité de l'assassinat. M. Puy, le maire, alla jusqu'à dire que le procès-verbal lui avait causé le plus grand étonnement. Seuls le juge d'instruction et le commissaire de police persistèrent à affirmer que c'est seulement deux ans après, Farges étant mort, qu'ils avaient recueilli quelques indices propres à leur faire croire que le maréchal ne s'était pas tué, — affirmation qui arrachait au rédacteur officiel d'un rapport présenté au garde des sceaux ces paroles significatives : « Voilà dans une même ville, un commissaire de police qui ne voit pas et un juge d'instruction qui n'entend pas[1] ! » Enfin plusieurs témoins rendirent compte des efforts qui avaient été faits auprès d'eux, par la séduction ou la menace, afin d'obtenir leur silence. « Il résulte bien évidemment

1. Analyse de l'information faite relativement à la mort de Brune, par le conseiller Dupin, émanée de la direction des affaires criminelles et des grâces.

de l'information, ajoutait le rapport que nous venons de citer, que Didier et Boudon, qui ont déclaré au procès-verbal et devant le conseiller Dupin avoir vu le maréchal se suicider, que Didier, qui a obtenu, depuis la mort du maréchal, la décoration de la Légion d'honneur, et Boudon, qui est soupçonné par quelques témoins d'avoir coopéré à l'assassinat, sont de faux témoins. » Et le rédacteur se demandait si leur parjure et l'extraordinaire conduite de certains magistrats n'avaient eu pour motifs que d'assurer l'impunité aux seuls Farges et Roquefort.

Après les résultats de l'instruction, il n'y avait plus qu'à poursuivre. La chambre des mises en accusation de la cour de Nîmes reconnut, le 26 juillet 1820, que le maréchal Brune avait été assassiné, ses voitures pillées, ses effets volés, et que les assassins étaient Farges et Guindon dit Roquefort. Malheureusement, ainsi que nous l'avons dit, la mort avait soustrait le premier au châtiment des hommes; le second s'y était dérobé par la fuite. Néanmoins la cour de Riom, devant laquelle des motifs de suspicion légitime avaient fait renvoyer l'affaire, jugea Guindon contumax. Le procès s'ouvrit le 24 février 1822. En l'absence de l'accusé, il n'y eut ni jurés ni témoins. La maréchale était là, objet de respect et de pitié, entourée de MM. Dupin aîné, Bayle et Marius, ses conseils, et de l'un des anciens aides de camp de son mari. Elle assista aux audiences en grand deuil. Les soldats lui présentaient les armes.

Au cours de son réquisitoire, le procureur général prononça ces graves et accusatrices paroles : « Pourquoi a-t-on voulu pallier le crime? Pourquoi a-t-on gardé un long silence sur ce monstrueux forfait? Les magistrats de la ville qui en fut le théâtre auraient-ils reculé devant le danger qu'on pouvait courir en soulevant ce voile d'iniquité? Nous ne pouvons en douter lorsque nous voyons que notre collègue de Nîmes l'a consigné dans son réquisitoire et a cru nécessaire de dépouiller les premiers magistrats de la poursuite, près de quatre ans après. »

M. Dupin aîné fit entendre une plaidoirie éloquente. S'armant des divers incidents de l'instruction, notamment de l'impunité accordée au serrurier Didier et au boucher Boudon qui, en attestant le suicide, avaient rendu de faux témoignages, et du retard qu'on avait mis à poursuivre Guindon, retard par lequel on avait facilité sa fuite, il flétrit, en même temps que le forfait, les lâchetés, les calomnies et les faiblesses qui rendaient maintenant le châtiment impossible. Il fit aussi allusion à des complicités plus hautes, dont il ne put, faute de preuves suffisantes, désigner les auteurs. Il était certain cependant que Guindon et Farges avaient eu des complices. La péroraison qu'il mit dans la bouche de la maréchale émut profondément l'auditoire : « Mais non, s'écria-t-il, justice ne sera pas faite en ce monde; l'esprit de parti ne peut pas triompher éternellement de ma juste douleur. L'impunité ne saurait être constamment la sauvegarde du crime. Les gouvernements sont établis pour le punir et non pour le couvrir de leur égide; les magistrats sont institués pour le poursuivre et non pour le protéger. La justice des hommes ne peut me rendre le bonheur, mais elle me rendra la paix qui suit toujours l'accomplissement, quelque pénible qu'il soit, d'un grand devoir. Eh bien, j'irai! j'irai partout demander cette justice aux juges qu'on m'aura donnés. Ils verront ma douleur, mes larmes, mon désespoir; quels qu'ils soient, ils en seront touchés; ils ne résisteront pas à l'évidence des preuves. Un arrêt solennel condamnera les assassins du maréchal; un arrêt solennel affranchira la gloire de mon époux de l'odieuse et lâche imputation de suicide; cet arrêt, je le déposerai dans sa tombe, au jour des funérailles, à côté de ses restes chéris. »

La justice entendit ces accents et la cour rendit, le 26 février, un arrêt condamnant Guindon à la peine de mort « pour avoir fait partie d'une réunion de plus de *vingt* personnes armées et en rébellion; pour attaque et résistance, avec violence et voies de fait, envers la force publique; pour s'être rendu coupable de pillage et de vol d'effets et d'argent, et enfin pour avoir volontairement et avec préméditation donné la mort au maréchal ».

Guindon ne fut jamais découvert. Le 18 juin 1823,

sa veuve et les mariniers du port d'Avignon adressaient à la duchesse d'Angoulême une supplique afin d'obtenir qu'il fût remis en jugement dans le département de Vaucluse. Cette demande fut écartée[1].

1. Archives du dépôt de la guerre.

V

L'assassinat du maréchal Brune ne fut pas le dernier acte des fureurs réactionnaires à Avignon et dans le département de Vaucluse. Plusieurs semaines après la funeste journée du 2 août, d'autres crimes vinrent démontrer que ces fureurs n'étaient pas éteintes. « On a mis les peuples des départements méridionaux dans le sang jusqu'aux genoux, écrivait un habitant d'Avignon. Il serait impossible de pouvoir calculer les suites de ces fureurs des partis, et les honnêtes gens n'espèrent leur tranquillité que de la présence des troupes étrangères. » Le baron de Saint-Chamans, préfet de Vaucluse, avait plus de confiance dans la sagesse des populations qu'il était chargé d'administrer. Il leur adressait des exhortations dans le but de les ramener à l'apaisement; mais il ne pouvait se défendre, même quand il se montrait sévère, de flatter encore les passions qu'il cherchait à contenir et d'en reconnaître la légitimité. « Vous avez gémi sous l'oppression d'une horde de factieux, disait-il; mais j'ai été profondément affecté d'apprendre que des excès, des violences, des actes arbitraires, des meurtres même avaient troublé l'allégresse et troublé la joie que faisait naître le retour du bon roi qui vient mettre un terme à vos maux. Il est des coupables, sans doute, et de grands coupables. Ils ne doivent, ils ne peuvent point échapper à la juste peine qu'ils ont méritée. Mais c'est à la loi seule à les atteindre; c'est à la justice à les frapper. Celui qui en prévient l'action, qui s'arroge le droit de punir se met en rébellion avec la loi, se rend lui-même coupable, et le roi ne saurait le considérer comme l'ami de son trône, de sa personne, de son autorité. Le roi a promis le châtiment des coupables, et le roi n'a jamais manqué à sa parole. Attendez avec calme le moment assigné par Sa Majesté à l'action de la justice[1]. »

Ainsi, ce n'est qu'en promettant que des malheureux déjà bien éprouvés seraient châtiés, que le préfet pouvait tenter d'arrêter le déchaînement des colères royalistes; — tentative vaine, d'ailleurs, car plusieurs meurtres, moins retentissants que celui du maréchal Brune mais tout aussi odieux, désolèrent le Comtat pendant toute la durée du mois d'août. Cinq ou six individus furent encore assassinés. Une vaste association de brigandage exerça

1. Archives nationales.

ses méfaits dans diverses communes. L'incendie et le pillage succédèrent aux assassinats ; à la date du 16 septembre, un malheureux tombait encore sous la main d'un meurtrier dans le village de l'Isle. Plusieurs personnes furent recherchées pour ces crimes. Mais elles trouvaient parmi les populations de si nombreuses complaisances qu'on ne parvenait pas à les arrêter. Dès le 19 août, le préfet se plaignait de l'inertie des autorités chargées de le seconder et de l'impossibilité de sévir contre les pillards et les incendiaires. Il en était réduit à souhaiter qu'un corps de troupes autrichiennes entrât dans son département pour y rétablir l'ordre.

Ses vœux ne tardèrent pas à être exaucés. Les Autrichiens avaient créé un gouvernement comprenant les départements de la Drôme, de Vaucluse, des Hautes-Alpes et des Basses-Alpes. M. de Kaunitz fut délégué à Avignon comme secrétaire de ce gouvernement et y entra avec une assez nombreuse armée, qui s'établit dans la ville et sur tous les points où la tranquillité publique était menacée. On put alors opérer le désarmement des bandes de pillards, et l'effervescence parut s'éteindre. Mais les prisons de Carpentras étaient toujours remplies d'individus qui s'étaient compromis pendant les Cent-Jours et qu'on gardait en détention, moins encore pour instruire contre eux que pour protéger leur vie contre les passions populaires. D'autres traits révélaient l'exaltation des esprits. Les partisans de la Charte étaient publiquement traités de criminels, et les ordonnances royales, trop libérales ou trop clémentes, au gré des ultra-royalistes, provoquaient des marques de réprobation. L'apaisement n'existait qu'à la surface. Le préfet ne s'y trompait pas, lorsqu'en constatant le calme, il ajoutait : « Ce n'est que le repos de la vengeance satisfaite, et s'il se présente une occasion ou un prétexte à de nouveaux excès, ils s'accompliront sans qu'on puisse les empêcher. Ils ne seront plus la suite d'un moment d'effervescence, mais bien d'une résolution raisonnée. » Dans ces conditions, il ne fallait pas espérer de pouvoir atteindre les auteurs des méfaits qui troublaient le département depuis trois mois, et le préfet invoquait la nécessité d'ajourner toute poursuite à des temps plus propices.

Dans la première quinzaine d'octobre, les Autrichiens se préparèrent à évacuer Avignon. La nouvelle de leur départ prochain consterna les hommes d'ordre, qui redoutaient d'être victimes de conflagrations nouvelles. Des menaces furent proférées, comme par le passé, contre tout ce qui n'était pas ardemment et exagérément royaliste. Elles eurent même un commencement d'exécution, car le 19 octobre, trois jours avant la date fixée pour le départ de l'armée étrangère, une maison fut pillée en plein jour à Avignon. Le général Corsin, qui commandait la subdivision, écrivait à cette occasion au ministre de la guerre : « L'impunité dont on a presque toujours couvert les crimes qui se sont commis enhardit à en commettre de nouveaux; les lois et l'autorité seront toujours méconnues tant que les coupables ne seront pas promptement jugés et punis. C'est le seul moyen de rassurer les gens de bien et de comprimer les méchants. Les tribunaux ordinaires sont si lents et si formalistes, qu'on ne les craint plus. Une commission spéciale composée d'hommes fermes, éclairés et dignes de la confiance du roi, pourrait seule inspirer la crainte et le respect pour les lois. Si l'on ne déploie à temps une sage sévérité, la société de ce pays est menacée des plus grands malheurs ».

Ces sages avis, émis par un témoin impartial du trouble des imaginations méridionales, trouvaient à Paris des ministres disposés à en tenir le plus grand compte. Ils revenaient dans le département d'où ils étaient partis, sous forme d'encouragements aux autorités administratives et judiciaires. Mais, ils étaient impuissants à dissiper leurs appréhensions, à leur imprimer une direction énergique. Elles n'osaient faire des exemples, dans la crainte d'ameuter les ultra-royalistes. Un simple fait donnera une idée de leur état d'esprit. Les prisons de Carpentras contenaient, nous l'avons dit, bon nombre d'individus arrêtés en juillet, au moment de la rentrée du roi. Bien qu'on n'eût relevé contre eux que des délits d'opinion, on n'osa les délivrer, ni après le départ des Autrichiens, ni après la visite que le duc d'Angoulême fit à Avignon, au mois de novembre, afin de contribuer par sa présence à la pacification des esprits. C'est le 5 décembre seulement que le préfet se décida à les mettre en liberté. Il se rendit à Carpentras et voulut haranguer les détenus avant de les renvoyer. Mais, au lieu de les rassurer, de les couvrir de sa protection qui leur était d'autant plus nécessaire qu'ils allaient se trouver à la merci de passions encore menaçantes, il les traita en parias, leur tint un dur langage, dans lequel nous relevons cette phrase : « Le roi ne vous a pas jugés dignes de sa colère ».

Le 25 décembre, un meurtre eut encore lieu à Châteaurenard sur la personne d'un maçon. Fugitif depuis la fin des Cent-Jours, ce malheureux ne s'était décidé à retourner chez lui qu'après la mise en liberté des détenus de Carpentras. Le jour même de son arrivée, il fut massacré. En rendant compte de cet événement au préfet, le maire essayait de prouver que le maçon avait provoqué des gardes nationaux en jetant des pierres sur eux, et que telle était la cause de sa mort. Le préfet se contenta de transmettre à Paris cette version. Mais le ministre de la police refusa de l'accepter : « Je vois avec peine, répondit-il, que le maire de la commune vous a fait un rapport incomplet et probablement inexact, car il n'est pas à présumer qu'un individu que la crainte a tenu éloigné pendant six mois, aille provoquer la fureur populaire le jour où il rentre dans ses foyers. Je vous invite à rechercher si l'émeute n'a pas été excitée au contraire, par des individus qui voulaient satisfaire une vengeance personnelle, et, dans ce cas, à prendre les mesures nécessaires pour que les coupables soient traduits devant les tribunaux. »

Il nous a été impossible, malgré toutes nos recherches, de découvrir la suite et le dénoûment de cette affaire; mais il est vraisemblable que le maire de Châteaurenard ne fut pas inquiété. A l'exception du meurtrier du maréchal Brune, tous les individus poursuivis furent acquittés faute de preuves. A Avignon, comme à Marseille et comme à Nîmes, les assassins imposaient silence par les menaces à ceux dont les dénonciations auraient pu les perdre. L'ordre se rétablit peu à peu dans le département de Vaucluse; mais ceux dont les exactions et les violences l'avaient troublé, demeurèrent impunis

CHAPITRE V

LE MEURTRE DU GÉNÉRAL RAMEL

(Toulouse, août 1815).

I

Le 11 mars 1814, avant même que la déchéance de l'empereur eût été votée par les chambres, Bordeaux se plaçait sous l'autorité de Louis XVIII et acclamait les soldats anglais embarrassés et choqués par un enthousiasme sur lequel ils ne comptaient guère, alors que douze jours à peine s'étaient écoulés depuis la bataille d'Orthez, dans laquelle ils avaient défait non sans peine la petite armée du maréchal Soult.

Toulouse souhaitait ardemment de suivre l'exemple de Bordeaux, mais n'était pas libre d'agir à son gré. Dès le 4 mars, les équipages, les fuyards et les blessés de l'armée vaincue avaient commencé à se réfugier dans la ville. Puis le maréchal était arrivé avec les troupes qu'il avait pu rallier après sa défaite, décidé à combattre jusqu'à épuisement de ses forces, ne tenant aucun compte des rumeurs qui lui parvenaient de Paris, réorganisant ses bataillons, mettant la cité en état de défense, avec la conviction que Wellington ne tarderait pas à venir l'y chercher.

Contenus par la présence de trente-cinq mille hommes campés à leurs portes, les habitants de Toulouse furent contraints de taire leurs sympathies royalistes. Le maréchal Soult ne croyait pas que la capitulation de Paris, dont il ignorait encore les suites, pût le délier de ses devoirs militaires. Impuissants à le détourner de ses patriotiques desseins, les plus ardents partisans des Bourbons osèrent lui faire un crime de son courage; mais ils ne purent l'empêcher de livrer, le 10 avril, sous les murs de la ville, aux Anglais et aux Espagnols commandés par le duc de Wellington, une sanglante bataille qui dura tout un jour et coûta six mille hommes à l'ennemi. Ces royalistes forcenés suivirent, partagés entre l'espoir d'une déroute et la crainte d'une victoire, les péripéties de ce glorieux combat, à la suite duquel Soult, vaincu, quoique héroïque, rejeté dans Toulouse, résolu d'abord à y résister, se laissa dominer par des raisons d'humanité et se retira sur Villefranche où il comptait rejoindre le maréchal Suchet et prendre, de concert avec lui, une éclatante revanche.

L'armée française avait opéré sa retraite durant la nuit du 11 au 12 avril. Le jour suivant, les alliés entraient dans Toulouse et y recevaient un accueil enthousiaste. Lancé de l'une des croisées du Capitole, un buste de Napoléon, souillé et brisé, vint rouler aux pieds de Wellington qui s'avançait à travers les rues, parmi les acclamations populaires, passant sous des arcs de triomphe au-dessus desquels on lisait des inscriptions telles que celle-ci :

Un héros nous rend les vertus
Dont brilla le nom de Turenne,
Grâce au moderne Fabius,
La Tamise a sauvé la Seine.

Ainsi qu'à Bordeaux, les autorités locales haranguèrent le vainqueur. Le président du conseil général s'écria en sa présence : « Honneur aux puissances coalisées, nos libératrices; aux armées anglaises, espagnoles, portugaises, nos alliées! Honneur à leur glorieux chef, au Turenne britannique! » La cour salua en lui « un héros et le libérateur du Midi ». L'académie l'acclama comme « le conservateur spécial de la ville ». Enfin, le *Journal de Toulouse*, faisant allusion à la retraite du maréchal Soult, imprima à l'adresse du généralissime anglais la plus basse flatterie justifiée à l'aide d'un mensonge odieux : « Le duc de Wellington pouvait fermer toute issue à l'armée vaincue et l'exterminer; mais, le magnanime général laissa défiler sous le canon de l'armée anglaise toutes les troupes du maréchal[1] ». A l'hôpital militaire, des centaines

1. Il est avéré, — et c'est l'opinion de l'illustre historien du Con-

de blessés restèrent privés de secours et oubliés comme s'ils n'avaient pas versé leur sang pour la patrie, jusqu'au moment où le comte de Polignac, commissaire extraordinaire du roi, étant venu à Toulouse, eut pitié de ces infortunés et exigea que des soins leur fussent donnés.

Ainsi, par la faute de celui qui, dans l'excès de son orgueil et les manifestations de sa folie, avait épuisé le sang, l'argent, tous les trésors du pays, et ouvert à l'ennemi des foyers où sa soif immodérée de conquêtes était maudite et allait engendrer d'autres maux, s'étaient oblitérées la notion du patriotisme et la haine traditionnelle des Français pour les envahisseurs. Oui, il faut l'avouer, et c'est l.. un souvenir douloureux, les populations pliaient sous des impôts si lourds, au cœur des familles saignaient des plaies si profondes, tant d'angoisses étreignaient les âmes, que la moitié de la France accueillit les étrangers non comme des ennemis, mais comme des libérateurs. Toutefois, à Toulouse, où les passions ultra-royalistes devaient produire de si détestables fruits, ce sentiment fut poussé jusqu'à l'extrême. Il arracha une protestation à quelques hommes de cœur, et notamment à M. Romiguières, orateur éloquent, l'une des

sulat et de l'Empire, — qu'après la bataille de Toulouse, le maréchal Soult pouvait, en s'enfermant dans la ville, résister avec succès à l'armée anglo-espagnole. Il lui restait 32 000 hommes; mais il fallait exposer la population toulousaine à toutes les horreurs d'un assaut; il préféra se retirer sur Villefranche dont la route était libre.

lumières de ce barreau renommé, où l'amour du droit se mêlait à l'amour des lettres et d'où sont sortis tant de politiques illustres. M. Romiguières abandonna le poste qu'il occupait à la tête de l'une des légions de la garde nationale, afin de n'être pas associé à des manifestations qu'il regardait comme contraires à l'honneur. Il écrivit en même temps au général Wellington une éloquente lettre dont nous ne voulons citer qu'une phrase : « J'avoue, milord, que lorsque j'ai vu ma patrie envahie, vos soldats au sein de ma ville natale, la colère du vainqueur, la joie irréfléchie du vaincu, j'ai éprouvé tous les tourments qu'éprouverait votre Seigneurie si des étrangers remontant la Tamise venaient s'asseoir en maîtres dans le parlement d'Angleterre ». C'en était assez pour signaler M. Romiguières aux vengeances futures. La semaine suivante, il était contraint de quitter Toulouse où ses jours n'étaient plus en sûreté ; il n'y revint qu'en 1817, quand ces folles passions furent apaisées.

Nul gouvernement ne fut plus populaire que celui de la Restauration. On a dit avec raison que « l'immense majorité de la nation l'avait accepté comme le gage d'un régime de paix dans lequel les développements de l'agriculture, du commerce et des arts rétabliraient la prospérité publique, détruite par tant de guerres sanglantes et ruineuses. » Les Bourbons n'avaient pas eu le temps de commettre de grandes fautes ; les passions cléricales ne s'étaient pas encore manifestées ; l'ultra-royalisme acceptait la Charte ou plutôt la subissait en silence, et l'on put croire que l'ère des révolutions était close. Malheureusement, cet état fut de courte durée. Bientôt le parti qui devait, quatorze ans plus tard, ne triompher un jour que pour précipiter la monarchie dans les aventures, fit entendre sa voix et devint exigeant. Les libéraux, blessés par diverses mesures gouvernementales, conçurent des défiances souvent injustes, fatales toujours; les amis de l'empire osèrent regretter hautement le pouvoir tombé, et tout parut conspirer pour préparer à Napoléon un retour triomphal. Il suffit d'une année pour amener ces douloureux changements.

Au commencement de 1815 et environ un an après la restauration des Bourbons, les départements du midi de la France étaient presque entièrement livrés aux influences ultra-royalistes. A Toulouse, ces influences s'exerçaient avec plus de vivacité que partout ailleurs. Elles se manifestaient surtout par une infatigable ardeur à assurer leur empire, par le mécontentement non dissimulé que suscitaient, parmi la majeure partie de cette population passionnée, les efforts que ne cessait de tenter le gouvernement de Louis XVIII pour réconcilier l'ancien régime, représenté par les émigrés, avec les idées modernes, rapidement propagées par la Révolution et passées depuis vingt-cinq ans dans les lois et dans les mœurs. Tout à coup, vers le 10 mars, on apprit la nouvelle du débarquement de Napoléon. Parmi les royalistes ce fut d'abord un sentiment de colère, que vint bientôt accroître la joie des partisans de l'empire et auquel se mêla quelque terreur, quand ces mêmes hommes, que l'on avait vus pendant une année effarés et tremblants, relevèrent la tête, disant à ceux qui s'étaient fait remarquer par leur attachement aux Bourbons : « A votre tour d'avoir peur maintenant ! »

Les royalistes modérés restèrent sous le coup de cette terreur des premiers jours. Ils comprenaient bien que l'équipée impériale allait attirer de nouveau sur la France l'invasion et la guerre civile. Quant aux exaltés, ils se remirent bientôt de leurs alarmes, convaincus que le règne de Napoléon serait de courte durée et qu'après sa chute, le gouvernement du roi, se conformant à leurs vœux, cesserait de vouloir réconcilier les partis et aiderait au contraire à fonder la domination des hommes qui, n'ayant rien appris ni rien oublié, entendaient abroger la Charte, ressaisir les biens nationaux et faire rétrograder la France jusqu'à l'ancien régime.

Le 12 mars, le bruit se répandit que, par ordre de Louis XVIII, Toulouse allait devenir l'un des centres de la résistance à l'empire et le siège du gouvernement civil du Midi, sous les ordres du baron de Vitrolles, secrétaire des conseils du roi. Trois jours avant, le duc d'Angoulême avait quitté Bordeaux, laissant cette ville sous l'autorité de la princesse sa femme, pour aller prendre à Nîmes le commandement de l'armée royale. On vécut pendant deux semaines en proie à la fièvre que provoquait dans tous les esprits l'attente anxieuse des événements. Les factions en présence passaient tour à tour par les perplexités et les angoisses, se demandant chaque soir à qui d'entre elles le lendemain donnerait la victoire. La garde nationale, ardemment attachée aux Bourbons, veillait aux abords de la ville, comme si Napoléon eût été sur le point de paraître. Les hommes violents de chaque parti passaient leur temps à se défier, à se menacer, partagés entre l'espérance et la crainte. Les affaires s'étaient arrêtées tout à coup; la population vivait dans la rue, se livrant à des discussions bruyantes que l'ignorance de ce qui se passait à Paris, rendait stériles autant que dangereuses.

Enfin, dans la matinée du 26 mars, le baron de Vitrolles arriva. C'était un homme jeune, énergique, actif, très habile et très insinuant, passionnément dévoué à la cause royale à laquelle il avait consacré sa vie depuis vingt ans, sans se laisser décourager jamais. Il apportait à Toulouse d'immenses projets. Il entendait établir une vaste fédération entre les départements du Midi et ceux de l'Ouest, tenir solidement dans cette région le drapeau du roi, s'y procurer des ressources en hommes et en argent et entreprendre ainsi la lutte contre Napoléon. Mais ces plans conçus en hâte à Paris, quand les difficultés pratiques ne pouvaient encore être vues ni touchées, n'étaient pas réalisables. M. de Vitrolles s'en aperçut bientôt.

La préfecture de Toulouse était alors aux mains d'un homme éminent par le cœur et l'esprit, le comte de Saint-Aulaire, très attaché à ses devoirs, mais ne partageant pas les passions royalistes au milieu desquelles il vivait. Le préfet, dès le premier entretien qu'il eut avec M. de Vitrolles, loin de faire montre de son dévouement à la royauté, en traça nettement les limites. Il était aussi résolu à ne pas rester le fonctionnaire d'un gouvernement qui avait déserté Paris au lieu d'y attendre son ennemi, qu'à ne pas devenir fonctionnaire de l'empire. Le maire, M. de Malaret, nourrissait les mêmes sentiments et, quoique moins pressé de se retirer, entendait néanmoins se renfermer dans ses attributions municipales. Quant au général Delaborde, commandant la 10e division militaire, il ne promettait la fidélité de l'armée que si la guerre civile pouvait être évitée. M. de Vitrolles eut alors l'idée de faire appel au zèle du maréchal de Pérignon qui vivait depuis un an dans son pays, aux environs de Toulouse. Le maréchal accepta le poste qu'occupait le général Delaborde, et celui-ci sortit de la ville. Malheureusement pour la cause royale, le vaillant soldat de Roses et de Novi, le successeur de Dugommier, à la tête de l'armée des Pyrénées, n'avait pas pris part aux grandes guerres de l'empire, Napoléon ne lui ayant jamais confié que des postes tranquilles, tels que le gouvernement de Parme et de Plaisance, ou le commandement de l'armée de Naples. Il n'était populaire ni parmi les Toulousains, ni parmi les soldats. Il n'apporta donc aucun secours à M. de Vitrolles.

D'autres difficultés surgirent bientôt. Le représentant du roi ne put rallier à ses projets qu'une douzaine de préfets, quoiqu'il eût espéré que quarante-cinq lui prêteraient leur concours. Il ne parvint pas à imposer ses ordres aux receveurs-généraux, ni à les empêcher d'adresser à Paris les fonds publics qu'il aurait voulu se faire compter. Il ne tarda pas à se trouver sans ressources. En même temps, de toutes parts, les troupes se prononçaient pour l'empereur. Le duc de Bourbon, auquel était échue la mission de soulever la Vendée, était contraint de s'enfuir après une tentative infructueuse; la défection de plusieurs régiments obligeait le comte d'Artois à quitter Lyon; la duchesse d'Angoulême, en dépit de son héroïsme, était impuissante à conserver Bordeaux au roi, et le prince son époux, trahi aussi par la fortune, se voyait entraîné, après les plus vaillants efforts et un combat heureux au pont de la Drôme, à capituler à la Palud. Enfin, et c'était le dernier coup porté aux espérances de M. de Vitrolles, la garde nationale de Toulouse déclarait qu'elle ne combattrait que si elle était appuyée par d'autres forces.

Malgré tant de symptômes significatifs, malgré les avis du préfet, du maire, de M. de Villèle lui-même, encore inconnu à Paris, mais préludant, par l'influence qu'il exerçait dans Toulouse, à sa carrière future, M. de Vitrolles, au mépris de toute prudence, luttait désespérément, n'ayant d'autre souci que celui de taire à la population les nouvelles de Paris, allant jusqu'à supprimer les correspondances, emprisonnant les courriers afin de s'assurer même contre les indiscrétions, tentant en un mot d'organiser une dictature qui déjà soulevait contre lui des murmures et provoquait des commencements d'émeute. Chaque jour, il tenait conseil avec le maréchal de Pérignon, le comte de Damas-Crux, venu de Paris en même temps que lui pour prendre le commandement des volontaires royaux, et quelques citoyens aussi décidés, quoique non moins impuissants.

Un coup de main militaire, organisé par le général Delaborde, qui ne s'était pas éloigné de Toulouse, et avait des intelligences dans la ville, mit fin à cette résistance dépourvue d'efficacité. Durant la nuit du 3 au 4 avril, M. de Vitrolles, le maréchal et le comte de Damas-Crux furent arrêtés. Le lendemain, ce dernier était autorisé à se rendre en Espagne, et le marquis de Pérignon à retourner dans ses terres. Quant à M. de Vitrolles, conformément aux ordres de l'empereur, qui voulait d'abord le faire fusiller, mais à qui le duc de Vicence avait ensuite arraché une décision plus clémente, il était dirigé sur Paris et incarcéré à Vincennes, d'où il ne sortit qu'après les Cent-Jours. L'autorité impériale fut ainsi rétablie dans Toulouse, sans que l'ordre eût été troublé. Le préfet, M. de Saint-Aulaire, donna sa démission et se retira après avoir fait afficher une proclamation empreinte de sagesse patriotique et résignée. Cette proclamation figura sur les murs, à côté de celle du maire, M. de Malaret, à qui son dévoûment à l'ordre public et au bien de la ville fit un devoir de conserver ses fonctions.

Bientôt après, l'empereur ordonnait la formation d'une armée qui, sous le titre de corps d'observation des Pyrénées-Orientales, devait comprendre les 9e et 10e divisions militaires, c'est-à-dire les départements de l'Ardèche, du Gard, de la Lozère, de l'Hérault, du Tarn, de l'Aveyron, de l'Aude, des Pyrénées-Orientales, de l'Ariège, de la Haute-Garonne, des Hautes-Pyrénées, du Gers et du Tarn-et-Garonne. Ce corps d'observation devait avoir l'Espagne pour principal objectif et entourer d'une surveillance rigoureuse les émigrés que le duc d'Angoulême avait entraînés avec lui au delà de la frontière et qui la menaçaient, en se flattant déjà d'avoir intéressé et rallié à leur cause le gouvernement espagnol.

Le général comte Decaen, celui-là même que le retour de l'île d'Elbe avait trouvé à Bordeaux et qui s'était rallié à l'empire, reçut cet important commandement avec des pouvoirs illimités et la mission spéciale d'organiser une fédération entre tous les adversaires de la monarchie dans le Midi. En arrivant à Toulouse où il devait résider, il put se rendre un compte exact de l'exaspération des populations méridionales. Le chef-lieu de la Haute-

Garonne, notamment, était animé de l'esprit le plus hostile à l'empire et à la Révolution dont tous les partisans s'étaient rangés sous le drapeau de Napoléon. Les habitants supportaient sans se plaindre les vexations dont les accablait le parti victorieux; mais, il était facile de deviner que de sourdes et violentes colères se cachaient sous cette résignation apparente et qu'un jour, elles serviraient de prétexte à des représailles. Bien que la formation d'une fédération fût déjà commencée, Toulouse restait manifestement royaliste, et l'état des esprits inspirait au général Decaen de telles craintes que, le 7 juin, il n'osait détacher de sa garnison, assez forte cependant, un régiment pour l'envoyer à Bordeaux, conformément à des ordres qu'il avait reçus du ministre de la guerre. Il s'appliqua dès ce moment à mater les velléités de révolte et d'insubordination qu'il surprenait de toutes parts.

De sévères règlements de police, un régime d'état de siège, pesèrent lourdement sur la population, et le général Decaen poussa si loin l'arbitraire qu'il osa lever une contribution de 1 222 000 francs sur cent trente personnes « reconnues pour être des ennemis forcenés du gouvernement ». Il est vrai que cette contribution ne fut pas exigée. Le ministre de la guerre, un peu ému lorsqu'il connut la décision du général Decaen, s'empressa de consulter le ministre des finances qui lui répondit : « La mesure est la plus arbitraire de toutes celles que les circonstances ont pu faire prendre dans divers départements; elle est en opposition, du reste, avec les dispositions formelles de l'acte constitutionnel et je ne peux qu'inviter votre Excellence à s'en expliquer le plutôt possible avec M. le général Decaen, afin de prévenir les réclamations qui seraient infailliblement adressées à la chambre des représentants et le fâcheux effet qui en serait la suite ». Malheureusement ce langage ne fut pas connu, et la mesure que le général Decaen n'eut ni le temps de faire exécuter ni le temps de rapporter resta dans la mémoire des Toulousains comme une cause nouvelle d'irritation.

Tous les regards des royalistes se tournaient alors vers l'Espagne. C'est de là qu'en souhaitant la chute du trône impérial, ils attendaient le secours. Le duc d'Angoulême, comme nous l'avons dit, s'était réfugié à Barcelone. Un assez grand nombre de ses partisans étaient venus l'y rejoindre. La population l'avait mal accueilli. Mais le prince savait qu'il trouverait plus de crédit auprès du roi et surtout auprès de l'armée, à laquelle étaient dus plusieurs mois de solde, qui, mal équipée et mal nourrie, ne songeait qu'à faire cesser cette situation. C'est donc auprès de l'armée qu'ils tâchaient de rendre favorable à la cause du roi de France, que ses partisans agissaient. Lui-même, après avoir fait un rapide voyage à Madrid, était revenu à Barcelone le 10 juin et, le lendemain, il passait la revue des troupes qui allaient quitter cette ville pour se rendre à la frontière française. Le mécontentement était général en Catalogne, où l'on ne voulait pas de la guerre à la France. Cependant l'espoir que leur misère touchait à son terme rendit les soldats dociles à la voix du duc d'Angoulême; ils se mirent en marche pour se porter vers Figuières, où le général Castanos devait établir son quartier général. Des rapports secrets tenaient le général Decaen au courant des efforts du prince pour conquérir des alliés. Ces rapports disaient, le 19 juin, que le duc d'Angoulême était à l'avant-garde de l'armée espagnole composée de vingt-quatre mille hommes, qu'il la pressait d'entrer dans le Roussillon que l'on savait bien disposé pour Louis XVIII, et où un bataillon formé de déserteurs français attendait, sous les ordres du colonel d'Ambrujeac, l'occasion de marcher en avant. Ils ajoutaient qu'un Espagnol venait d'être nommé préfet de Perpignan pour le roi et que la frontière allait être franchie. Ils allaient jusqu'à prétendre, — ce qui d'ailleurs était faux, — que le prince était nommé généralissime des troupes espagnoles[1].

On devine combien étaient grandes les inquiétudes du général Decaen et dans quelle mesure elles s'augmentèrent quand, le 24 juin, il apprit la défaite de l'empereur à Waterloo. « Cette pénible nouvelle, écrivait-il au ministre de la guerre, lorsqu'elle sera parvenue à la connaissance des ennemis

1. Les curieux renseignements qui précèdent nous ont été fournis par les archives du ministère de la guerre.

de la patrie et de l'empereur, ainsi que celle des mouvements des Espagnols, vont rendre ma position extrêmement difficile. Je vous prie, monseigneur, de l'envisager sous toutes ses couleurs et de m'aider de tout ce qui vous sera possible. » Il cacha la vérité pendant trente-six heures; mais le 26 juin, elle devint publique, au moment même où une lettre du ministre de la guerre venait lui apprendre que des commissaires chargés de proposer la paix aux puissances alliées venaient de se rendre au quartier général de l'empereur Alexandre. Cet avis le décida à résister au soulèvement de la population dont les sympathies éclatèrent violemment. Un drapeau blanc fut promené dans les rues; des fleurs de lys apparurent sur les enseignes des cafés; on cria : Vive le Roi; une maison fut pillée et un coup de pistolet tiré sur un officier, sans l'atteindre. Le général Decaen fit sommer les attroupements de se disperser; pour les obliger à obéir, il lança sur eux un escadron de cavalerie. Deux personnes furent tuées, trois blessées, huit arrêtées. L'ordre se rétablit, et comme on annonçait que le maréchal de Pérignon venait à Toulouse, ordre fut donné de l'emprisonner, s'il osait s'y présenter.

Mais ces efforts, quelque vigoureux qu'ils fussent, étaient impuissants à contenir plus longtemps les passions royalistes. Le 28 juin, les partisans les plus ardents du roi, excités par la nouvelle que le drapeau blanc flottait à Paris et que le duc d'Angoulême allait arriver à Toulouse, ne parlaient de rien moins que de désarmer les postes. On provoquait ouvertement les soldats à la désertion. Le général Decaen conjura encore ces périls. Puis, bien qu'on lui eût fait connaître que Montauban, Moissac et Castel-Sarrazin étaient en pleine insurrection, il faisait proclamer, le 29 juin, Napoléon II, ordonnait à tous les habitants d'arborer la cocarde tricolore et demandait au gouvernement de déclarer avec énergie « qu'aucune circonstance ne rendrait jamais aux Bourbons l'espoir de remonter sur le trône ». Ce fut là le dernier trait de sa résistance qui se prolongea pendant quelques jours encore. Bientôt il était obligé de fuir devant les progrès d'un mouvement qui l'enserrait de toutes parts, et contre lequel il ne pouvait plus rien. Il partit après avoir signé avec tous les officiers supérieurs réunis à Toulouse une adresse de soumission au roi, acte tardif qui ne put le sauver d'une détention de quinze mois ni d'une disgrâce qui ne prit fin qu'en 1830.

Dans la soirée du 17 juillet, le général Ramel, appelé par Louis XVIII au commandement de Toulouse, arborait le drapeau blanc et rendait la ville au roi. Depuis douze jours, une ordonnance royale avait réuni le corps d'observation des Pyrénées-Orientales à l'armée de la Loire.

II

En quittant Toulouse, au mois d'avril précédent, prisonnier de l'empereur, M. de Vitrolles léguait à cette ville un triste et déplorable souvenir de son passage, ces compagnies de volontaires, formées secrètement par lui, composées en grande partie d'hommes appartenant à la lie du peuple, qui cachaient sous l'ardeur, vraie ou feinte, d'un royalisme par lequel le secrétaire des conseils du roi s'était laissé séduire et tromper, les passions les plus violentes, les intentions les plus odieuses, et qui réunissaient assez d'ignobles appétits et de vices exécrables pour devenir ultérieurement les agents des plus lâches vengeances. Tant que dura le gouvernement impérial, ils ne laissèrent rien paraître de leur organisation ni de leurs projets. Il arriva même qu'ils souffrirent sans se plaindre des violences dont une minorité bonapartiste, provocatice et turbulente, rendit à diverses reprises la population victime.

Mais ils entretenaient dans la foule la haine de tout ce qui n'était pas dévoué aux Bourbons, et, par une propagande qui ne se lassait pas, ils augmentaient chaque jour la fermentation qu'avait provoquée dans les esprits la chute de Louis XVIII.

De la bataille de Warterloo, bientôt suivie de l'écroulement irréparable, cette fois, du régime impérial, date le réveil des passions dont nous avons entrepris de raconter les suites funestes. Louis XVIII n'était pas encore rentré aux Tuileries que déjà se manifestaient avec une violence alarmante les haines déchaînées par le retour de Napoléon, et si difficilement contenues pendant les Cent-Jours. La plupart des individus qui avaient appartenu à la minorité bonapartiste furent subitement contraints de se disperser et de s'enfuir. C'est le sort ordinaire des factions vaincues. Mais, ce qui fut plus grave, c'est que Toulouse tomba tout à coup au pouvoir de ces compagnies secrètes dont on désignait les membres sous le nom de « Verdets », à cause de la couleur de leur uniforme.

Les Verdets étaient environ six cents. Ils formaient un bataillon sans attache régulière avec la garde nationale; ne reconnaissaient pas l'autorité des chefs militaires et ne recevaient d'ordres que des hommes exaltés dont le duc d'Angoulême avait imprudemment accepté le concours l'année précédente. Bientôt les compagnies secrètes devinrent l'organe brutal des prétentions de ceux à qui elles obéissaient. Il ne suffisait pas, pour trouver grâce à leurs yeux, d'être attaché aux Bourbons; il fallait détester la Charte; il fallait demander la proscription de tous ceux qui avaient servi le gouvernement impérial. Avoir fait partie de l'ancienne armée était un crime que la mort seule pouvait expier. Entre le moment où la chute de Napoléon fut connue et le moment où le gouvernement du roi eut fait sentir sa main, les Verdets furent véritablement les maîtres de Toulouse. Parmi eux, cent cinquante environ dépassaient tous les autres par leur inconduite et leur indiscipline.

Ils terrorisèrent la ville, se refusant de reconnaître les autorités nommées par le roi, affectant de n'approuver que les nominations promulguées par le duc d'Angoulême, qui s'était empressé d'accourir à Toulouse au lendemain de Waterloo, pour ressaisir, au nom de Louis XVIII, le pouvoir dans le Midi et installer des magistrats provisoires. Il ne fit que passer. Après son départ et quand les fonctionnaires choisis par le roi vinrent prendre possession de leurs postes, les compagnies secrètes profitèrent des conflits de pouvoirs et d'attributions, qui résultaient de cette dualité de gouvernement pour exercer leur puissance sans règle et sans frein. On vit alors des citoyens arrêtés arbitrairement, d'autres expulsés de la ville ou obligés de fuir, et les autorités, dupes ou complices, demeurer inertes malgré les méfaits d'une poignée d'hommes. Il est vrai que ces bandits représentaient les influences les plus ardentes de la cité, qu'ils se sentaient protégés et en quelque sorte absous d'avance des crimes qu'ils pourraient commettre. « Rien de ce qui est prescrit par les ministres n'est exécuté ici, écrivait à cette date le commandant de la gendarmerie; les arrestations se multiplient et sont ordonnées par une commission composée de MM ***. Elles se font sans le concours de la gendarmerie et sans aucune espèce de forme. La circulaire du duc d'Otrante n'a produit aucun changement dans les dispositions de ces messieurs[1]. » Un autre document signale au ministre de la police « l'audace de ces intrigants qui, pour obtenir toutes les faveurs, s'arrogent le titre de royalistes exclusifs. Hors eux, le roi n'a pas de fidèles sujets. En faisant la guerre aux opinions, ils la font aux places ».

L'étude des documents contemporains permet d'affirmer que les Verdets ne furent que l'instrument d'une faction dont la modération de Louis XVIII avait choqué les espérances ambitieuses et qui entendait faire prévaloir d'autres vues et d'autres principes. La défiance de cette faction, soi-disant royaliste, envers le roi était si forte qu'il semblait moins dangereux de se faire partisan de Bonaparte que de se dire partisan de Louis XVIII. Tout ce qui, de près ou de loin, touchait aux Verdets et pactisait avec eux criait : « Vive Charles X! A bas le roi! » Il y avait un parti d'Artois, composé d'hommes exaltés, à qui ne pouvait convenir un

1. Archives du dépôt de la guerre.

souverain qui voulait tout concilier, et qui se servaient à dessein des compagnies secrètes pour provoquer, par l'effroi que ces compagnies inspiraient, les changements qu'ils rêvaient.

On a prêté bien d'autres projets à la faction ultra-royaliste de Toulouse. On a raconté qu'elle préparait le démembrement de la France, qu'elle voulait en détacher, au profit de Charles X, trente-quatre départements destinés à former un royaume d'Aquitaine. On a également prétendu qu'elle était disposée à favoriser les prétendues revendications de l'Autriche sur le royaume d'Arles, celles de l'Espagne sur le Roussillon et de la Basse-Navarre, celles du saint-siège sur Avignon et le comtat Venaissin. Nous n'avons retrouvé, ni dans les archives, ni dans l'œuvre des historiens autorisés, aucune preuve de ces rêveries criminelles, et nous croyons plus juste de penser que, si elles avaient poussé, comme des fleurs malsaines, dans quelques imaginations affolées, elles n'eurent pas de lendemain. Quoi qu'il en soit, dans les premiers jours du mois d'août 1815 les Verdets étaient les maîtres de Toulouse.

Vainement le maréchal de Pérignon, qui exerçait de nouveau dans le département le pouvoir militaire, le général Ramel, qui, sous ses ordres, commandait la 10ᵉ division, M. de Malaret, resté maire pendant les Cent-Jours et confirmé dans ces fonctions par le roi, cherchaient à détruire cette influence dangereuse; ils étaient contraints de la combattre avec prudence, nous allions dire de la subir.

Il est vrai qu'ils ne jouissaient d'aucune popularité, qu'on en voulait même au gouvernement royal de s'entourer de tels hommes. Au général Ramel, à qui l'on reprochait d'avoir servi la Révolution et l'empire, on eût préféré le comte de Caldaguez, ancien émigré, devenu général dans l'armée espagnole, et désigné d'abord par le duc d'Angoulême pour commander à Toulouse. A M. de Malaret, qui avait eu tort, disait-on, de conserver ses fonctions de maire pendant les Cent-Jours, on eût préféré M. de Villèle, lequel, bien que ne partageant pas les folies de la faction ultra-royaliste, était connu par l'ardeur de son attachement aux Bourbons. A tous les degrés de la hiérarchie administrative, militaire, judiciaire, les fonctionnaires nommés par le roi étaient l'objet des mêmes critiques. Le mécontentement public s'accrut encore quand on apprit que le comte de Rémusat, ancien chambellan de l'empereur, devenait préfet de la Haute-Garonne. Un favori de Napoléon à Toulouse! Les Verdets traduisirent ces sentiments avec l'exaltation qui leur était propre. Détournés de leur mission, ils devinrent plus que jamais des instruments de trouble, exposant aux plus redoutables périls la sécurité des citoyens. Tout servait de prétexte à leurs exigences, à leurs plaintes, auxquelles un incident particulier vint donner un ton plus âpre et plus menaçant.

Après avoir été grassement payées pendant les

Cent-Jours par les comités royalistes, qui attendaient l'heure de les employer, les compagnies secrètes commençaient à ne plus recevoir leur solde et étaient à bout de ressources. Les cabaretiers chez lesquels elles étaient accoutumées à faire bonne chère refusaient le crédit; les personnages mystérieux dont la bourse avait jusqu'à ce jour défrayé leurs caprices cessaient de se montrer généreux et faciles. Il fallait renoncer à cette vie large et douce de prétoriens oisifs et gâtés, à cette longue paresse de quatre mois, se remettre au travail comme le commun des hommes ou imposer aux autorités militaires l'obligation d'assimiler les Verdets à la garde nationale, de les traiter sur le même pied, en les laissant indépendants de tout commandement régulier et de toute discipline. C'est à ce dernier parti que les Verdets s'arrêtèrent.

Lorsque, pour la première fois, leurs délégués osèrent émettre devant le marquis de Pérignon ces étranges prétentions, le vieux soldat refusa nettement d'y souscrire.

« Si vous voulez servir le roi, dit-il, dispersez-vous dans les rangs de la garde nationale ou engagez-vous dans le régiment de Marie-Thérèse. »

Ce régiment, composé de soldats d'élite et de jeunes conscrits, était en voie de formation. Mais les délégués ne l'entendaient pas ainsi. Ils ne désespérèrent pas d'amener les autorités à subir leur loi. On les vit tour à tour chez M. de Malaret, chez le général Ramel, chez M. de Castellane, commandant en chef de la garde nationale, priant, exigeant, menaçant, invoquant leur fidélité à la cause royale, leur dévoûment et même les secours qu'ils auraient pu rendre et n'avaient pas rendus, réclamant une solde, des habits, du pain. Partout ils obtenaient la même réponse, et celle qui leur fut faite par le général Ramel se ressentit de l'énergie naturelle de ce vaillant officier.

Le 8 août, le maréchal de Pérignon passa la revue de la garde nationale. Les compagnies secrètes, bien qu'elles n'eussent pas été convoquées et ne fussent pas reconnues, vinrent se mettre en ligne. Cette audace indigna le maréchal, qui refusa de les laisser défiler devant lui. Le lendemain, une trentaine de ces hommes se présenta de nouveau chez le général Ramel, formulant les exigences déjà repoussées, mais sans obtenir un meilleur résultat. Irrités, ils se retirèrent en déclarant qu'ils « sauraient bien trouver le moyen de se faire payer ». A dater de ce jour, la mort du général Ramel fut résolue, et la même conspiration visa également M. de Malaret, M. de Castellane et même M. de Rémusat, qui n'était pas encore arrivé à Toulouse et ne prit possession de son poste que le 12 août.

C'est contre M. de Malaret que furent dirigées d'abord les manifestations. En même temps qu'il était maire de la ville, il présidait le collège électoral réuni en ce moment pour procéder à la nomination des députés. On voulait l'atteindre dans cette double fonction parce qu'on voyait en lui, comme en M. de Rémusat, une créature de Fouché et un complice de la politique ministérielle de laquelle on disait qu'elle avait pour but « d'accommoder la royauté aux intérêts de la Révolution ». Pendant plusieurs soirs de suite, des attroupements de Verdets, grossis de l'écume de la population, allèrent proférer sous ses fenêtres des injures et des menaces. Une compagnie de la garde nationale, composée des hommes les plus honorables et commandée par un banquier, M. Cassaing, s'offrit aussitôt pour protéger sa personne et sa demeure. M. de Malaret refusa ce secours. A ceux qui l'engagèrent à fuir, il répondit d'abord que son devoir le retenait à son poste. Mais les manifestations devinrent si bruyantes, les avis qui lui parvenaient étaient si précis, l'inertie de la police, son défaut d'énergie et d'intelligence éclatèrent en ces circonstances avec un si périlleux à-propos, que M. de Malaret, cédant aux supplications de sa famille, se décida à se mettre en sûreté. Le jour même où M. de Rémusat prenait possession de la préfecture de la Haute-Garonne, il lui adressa sa démission et quitta la ville secrètement, déguisé en femme, a dit une légende dont nous n'avons pu contrôler l'exactitude. Le préfet désigna M. de Villèle pour lui succéder.

Le ressentiment des compagnies secrètes s'exerça alors contre le général Ramel. Le 13 août, une manifestation eut lieu devant sa maison, située sur la place des Carmes. Le même jour, un régiment de chasseurs à cheval, ayant traversé la ville, fut l'objet de clameurs injurieuses, auxquelles quelques soldats répondirent par le cri de : « Vive l'empereur ! » Cet incident accrut l'agitation des esprits, aggravée par le bruit qui s'était répandu que le préfet apportait de Paris l'ordre de licencier immédiatement les compagnies secrètes et que le général Ramel était chargé par le maréchal de Pérignon d'exécuter cet ordre. La soirée fut tumultueuse et alarmante pour la paix publique.

Le général tenta de faire arrêter l'un des meneurs, appartenant à la classe aisée de la population et notoirement désigné comme excitant contre lui les passions populaires. Mais, on lui fit remarquer que, la ville n'étant pas en état de siège, les autorités civiles pouvaient seules ordonner des arrestations. Celle qu'il avait voulue n'eut donc pas lieu ; mais l'intention qu'il avait manifestée devint, aux mains de ses ennemis, un nouveau grief qui fut aussitôt très habilement exploité contre sa personne. Ils mirent en circulation bien d'autres rumeurs. On raconta que le général Ramel était un protégé du ministre Fouché et correspondait avec lui, que sa nomination avait été imposée au roi par le ministère, qu'il cachait dans sa maison divers officiers supérieurs compromis pendant les Cent-Jours, et notamment les généraux Clauzel et Decaen.

Ces bruits ne reposaient sur aucun fondement, et ceux qui les propageaient le savaient. Loin d'appartenir au parti de la Révolution, Ramel ne se souvenait qu'avec amertume du mal qu'elle avait fait à lui et aux siens. Sans parler de son aîné, officier de cavalerie tué en 1797 sous les murs de Kehl, elle avait envoyé à la mort ses deux autres frères, l'un officier dans un régiment irlandais, après le 10 août; l'autre, général comme lui, en 1794, sous l'accusation de modérantisme. Elle l'avait condamné lui-même à la déportation, après la journée du 18 fructidor, durant laquelle la garde du corps législatif lui était confiée; elle l'avait envoyé à la Guyane, où il aurait péri sans doute comme la plupart de ses compagnons d'exil, si son audace et une heureuse fortune ne l'avaient fait évader, avec sept d'entre eux, du désert mortel de Sinnamari. Délivré, Jean-Pierre Ramel était redevenu soldat. A Saint-Domingue, en Italie, en Espagne, il avait accompli son devoir. Rallié à la première Restauration, demeuré à l'écart pendant les Cent-Jours, le commandement que venait de lui confier Louis XVIII devait être considéré comme une récompense. Son royalisme ne pouvait donc être ignoré de personne. « Mais la faction blanche et verte ne lui pardonnait pas de refuser des subsides aux compagnies secrètes[1]. »

Ici se pose un grave problème historique, que n'ont pu résoudre ni les témoins des événements ni nous-même qui cherchons à en écrire l'histoire d'après les souvenirs de ces témoins et les docu-

1. Archives nationales.

ments officiels. Il est certain, le procès intenté aux meurtriers du général Ramel l'a démontré, que le crime que nous allons raconter ne fût pas, comme l'assassinat du maréchal Brune par exemple, le résultat d'une effervescence populaire, soudainement provoquée et impossible à conjurer autant qu'à prévoir. Il avait été préparé par quelques bandits qui se croyaient sûrs de l'impunité et qui, loin d'être désavoués par les chefs du parti ultra-royaliste, trouvèrent après coup, parmi ces chefs, hommes honorables cependant, des protecteurs acharnés à les soustraire à l'action des lois et à la vindicte publique. Pourquoi le général Ramel fut-il choisi comme victime par des passions surexcitées? Pourquoi ne trouva-t-il, ni parmi la population ni parmi les autorités, les défenseurs sur lesquels il avait le droit de compter? A quelles influences mystérieuses obéissaient les meurtriers? Faut-il croire, comme l'ont prétendu certains historiens, que le maréchal de Pérignon et les chefs placés sous ses ordres avaient été mis en demeure de laisser s'accomplir un exécrable forfait? Nous sommes impuissant à répondre à ces questions. Les recherches auxquelles nous nous sommes livré ne nous ont rien appris et nous ne saurions nous faire l'écho des rumeurs sans fondement et sans preuves qui ont mis en scène des personnages connus et ont voulu faire peser sur eux la responsabilité du crime. L'histoire contemporaine a ses secrets qu'on ne saurait violer sans s'exposer à diffamer des morts, peut-être à les calomnier. Nos archives nationales ne contiennent à cet égard aucun éclaircissement. Les historiens locaux n'en donnent pas davantage, et le seul devoir qui s'impose à quiconque entreprendra de ressusciter ces événements consiste à s'en tenir aux documents officiels et à suivre pas à pas l'instruction judiciaire qui succéda à ce grand crime. C'est ce que nous allons faire.

III

Dans la matinée du 14 août, les Verdets, au nombre de quarante environ, ayant à leur tête Guillaume Daussonne, tourneur en chaises; Bacquet, dit le Puyat, fabricant de parapluies; Gaillardie, portier; Carrière, ancien sergent de la ligne; François le Pendu, tourneur; Carribent, dit Angladet, tailleur, officier dans la compagnie Savy-Gardeilh, Montaubry, Javy, sans profession connue, d'autres encore se présentèrent chez le général Ramel et formulèrent grossièrement, en leur nom et au nom de leurs camarades, les exigences dont ils fatiguaient depuis six semaines les autorités militaires et civiles. Ils demandaient des armes, des habits, une solde. Le général leur répondit, ainsi qu'il l'avait déjà fait, qu'il ne pouvait leur reconnaître aucun titre légal, qu'il les engageait à se rallier à la garde nationale ou à s'engager dans les régiments en formation à Toulouse. Il ajouta que non

17

seulement, il ne leur accorderait rien de ce qu'ils sollicitaient, mais qu'encore, ayant reçu l'ordre de licencier les compagnies auxquelles ils appartenaient, il allait prendre des mesures propres à leur imposer l'obéissance. Ils se retirèrent en murmurant, en faisant entendre des menaces, en affirmant qu'ils n'auraient de repos qu'après qu'il aurait été fait droit à leurs réclamations. Ils se répandirent dans la ville, propageant de toutes parts l'irritation dont ils étaient animés.

Dans la journée, le colonel Ricard, commandant la place, vint voir le général et l'engagea à quitter Toulouse.

« Des rumeurs qui me sont parvenues, lui dit-il, il résulte qu'on en veut à votre vie. Vous avez annoncé le dessein d'aller passer une semaine à Cahors. Partez, mon général, n'attendez pas davantage. Il y va de vos jours. »

Ramel était encore jeune, rempli d'ardeur, doué d'une énergie peu commune et incapable de fuir un péril que, d'ailleurs, il croyait exagéré. Il appartenait à une génération militaire accoutumée à braver la mort. En outre, il conservait dans sa pensée le souvenir très vivant de la soirée du 17 juillet, durant laquelle, le premier dans Toulouse, il avait arboré le drapeau blanc aux croisées de sa maison, tandis que la foule, massée sur la place des Carmes, l'acclamait sympathiquement et l'applaudissait. Depuis ce jour il ne cessait de répéter qu'il était populaire et aimé dans Toulouse.

Sa réponse au colonel Ricard portait l'empreinte de cette confiance qui allait lui être fatale.

« Vos craintes sont exagérées, répondit-il au commandant de place. Le peuple est pour moi et je ne cours aucun danger. D'ailleurs, je suis résolu à ne partir que lorsque les compagnies secrètes auront été licenciées. »

Le colonel Ricard émit, sur la possibilité du licenciement, des doutes que le général refusa de partager ; puis, devant la résistance qu'il ne pouvait vaincre, il se contenta de doubler les postes et de commander des troupes « qu'il savait, ainsi qu'il l'avoua dans l'instruction, ne devoir être d'aucun secours[1] ». Le soir venu, trente ou quarante individus, armés de sabres et de bâtons, quittèrent les danses qui avaient lieu presque tous les jours sur la place des Carmes, suite des fêtes par lesquelles avait été célébré le retour des Bourbons, et vinrent se ranger en bataille devant la maison du général, en criant à plusieurs reprises. « Vive le roi ! A bas Ramel ! » Le général était absent. Mais son secrétaire, M. Joly, parut à une fenêtre et répondit à ces clameurs par un cri de : « Vive le roi ! » De tumultueuses vociférations s'élevèrent de nouveau, puis l'attroupement se retira[2].

Le lendemain, jour de l'Assomption, dès le matin, un officier des Verdets, le sieur Angladet, tailleur, que nous avons nommé déjà, se rendit à

1. Rapport de M. Fontettes de Caumont, magistrat instructeur.
2. Acte d'accusation lu devant la cour prévôtale de Pau.

l'auberge de la Cave, située à la porte Arnaud-Bernard, dans le faubourg des Minimes, tenue par un individu nommé Gaubert, afin de commander pour le soir un repas de trente couverts. Ce Gaubert, brave homme qui fut entendu plus tard dans l'instruction, était créancier des compagnies secrètes pour une somme élevée. La plupart des aubergistes de Toulouse se trouvaient dans le même cas que lui. En souvenir du temps où les aliments consommés chez eux étaient payés régulièrement, ils avaient ouvert un crédit limité à quelques Verdets qui répondaient pour les autres. Mais, ils étaient las maintenant de donner la nourriture à ces soldats improvisés, dont le rôle était fini et qui n'avaient plus rien à attendre de leurs protecteurs. Gaubert déclara qu'il ne fournirait le repas qu'à la condition que le compte des dépenses antérieures serait préalablement acquitté. Angladet le conduisit alors chez plusieurs personnes auxquelles il demanda de se porter caution des sommes dues à Gaubert, mais qui toutes refusèrent. Enfin le sieur Barthélemy, commandant le bataillon des Verdets, sollicité en dernier lieu, prit l'engagement d'obtenir au profit de Gaubert remise d'une somme de 200 francs que l'administration des droits réunis réclamait à ce dernier. Sous cette promesse, Gaubert consentit à servir le repas du soir.

A sept heures, les convives, excités par la bonne chère, sortaient en tumulte de l'auberge de la Cave, armés de fusils, de pistolets, de bâtons et de sabres, et se dirigeaient vers la demeure du général. La ville était paisible; il y avait peu de monde dans les rues, la plupart des habitants étant encore à dîner. Mais, la beauté du soir laissait prévoir qu'à quelques instants de là, la foule se presserait sur les promenades pour respirer, après la chaleur du jour, l'air frais de la nuit. Sur la place des Carmes, les danses commençaient auprès d'un orchestre en plein vent. Arrivée devant la maison du général, la petite troupe des Verdets, grossie déjà d'individus à face patibulaire qui, durant le trajet, s'étaient réunis à elle, se rangea comme la veille, « ayant le même costume, les mêmes armes, et poussant les mêmes cris[1] ». Mais la maison était close. Personne ne leur répondit. Quittant alors la place, ils envahirent un cabaret voisin, à l'angle de la rue Pharaon, après avoir mis en sentinelle à la porte deux enfants chargés de les avertir, dès que le général rentrerait. Ils exigèrent d'une servante, terrifiée par leur présence, qu'elle leur servît de l'eau-de-vie. Plusieurs bouteilles furent entamées simultanément et bientôt vidées. Au même moment, d'autres bandes arrivaient de divers côtés sur la place des Carmes et se mêlaient aux promeneurs, pressés autour des danses. Des cris menaçants se firent entendre. Les complices des malfaiteurs, en les attendant, signalaient ainsi leur présence.

Pendant ce temps, le général Ramel, après avoir

1. Acte d'accusation.

assisté durant l'après-midi à la procession qui avait parcouru la ville à cause de la solennité du jour, dînait avec son secrétaire, M. Joly, dans une maison de la place Rouaix, chez une demoiselle Diosi[1] où il avait coutume de prendre ses repas. Deux officiers supérieurs, M. Souilhé, inspecteur aux revues, et le général Forestier, passaient la soirée avec lui. C'est là que son domestique vint lui faire part de l'agitation qui se manifestait dans les rues.

« Allez voir ce que c'est, dit le général à son secrétaire. Au besoin, réquisitionnez le poste de la recette générale et imposez silence à ces braillards. »

M. Joly sortit en toute hâte, gagna la place des Carmes qu'il traversa à grand'peine et sur laquelle il jugea nécessaire de faire rétablir la circulation. A cet effet, et conformément aux ordres qu'il avait reçus, il s'adressa au poste de la recette générale. Mais, sur les seize hommes dont se composait ce poste, les uns étaient absents, les autres ivres. Il n'en vit que trois en état de comprendre ses ordres et de les exécuter. Il leur enjoignit de le suivre et revint sur la place avec eux. Au même moment, la foule entourait, avec force gestes et vociférations, deux chasseurs accusés d'avoir crié : « Vive l'empereur ! » dans un cabaret situé au rez-de-chaussée de la maison du général[2].

1. Mlle Diosi, arrivée à Toulouse en même temps que le général Ramel et avec lui, était Romaine d'origine. Il paraît certain qu'un tendre sentiment attachait le général à elle. (Renseignements communiqués à l'auteur.)

2. Le cabaretier affirma plus tard que ce cri n'avait pas été

« En prison! en prison! » hurlait-elle.

Quelques citoyens ordonnèrent aux trois soldats qui suivaient M. Joly d'escorter les chasseurs jusqu'au Capitole. Ceux-ci, contraints d'obéir, abandonnèrent le secrétaire du général qui, bousculé par la populace, fut réduit à aller avertir son chef de ce qu'il avait vu et entendu. En apprenant ces nouvelles, Ramel n'hésita pas. Il se leva, prit son épée et se prépara à se rendre sur le lieu de l'émeute. Vainement Mlle Diosi, M. Souilhé, le général Forestier le suppliaient de ne pas braver ces furieux; il ne les écoutait pas; il ne voulait rien entendre que la voix du devoir. Les deux officiers, son secrétaire et son domestique l'accompagnèrent, bien loin de prévoir, quel que fût le danger, que ce vaillant soldat marchait à la mort. Au moment où le petit groupe débouchait sur la place, l'un des enfants placés en sentinelle devant le café de la rue Pharaon ouvrit brusquement la porte, interpellant les Verdets, auxquels il cria en patois : « A présent! C'est le moment! »

Les bandits se levèrent en désordre; sans prendre la peine de vider leurs verres ni de payer leur dépense, ils s'élancèrent au dehors et rejoignirent le général Ramel devant son hôtel. Derrière eux se pressait une foule malveillante.

« A bas Ramel! crièrent-ils d'une voix.

poussé et que l'arrestation des chasseurs ne fut qu'un prétexte pour éloigner du poste les soldats qui avaient refusé de boire et qui se montraient décidés à remplir leur devoir.

— Que voulez-vous à Ramel? Il est devant vous, répondit intrépidement le général.

— Qu'on le pende! » répliquèrent quelques-uns de ces forcenés.

Puis tous ensemble répétèrent avec plus de force les cris de : A bas Ramel! et de : Vive le roi!

A ces derniers mots, le général se découvrit, éleva son chapeau et reprit :

« Oui, vive le roi! Ce doit être aujourd'hui le cri de ralliement des bons Français. Et maintenant, éloignez-vous! »

Mais, au lieu d'obéir, les meneurs se serraient autour de lui, le menaçant de plus près. Son secrétaire, cherchant à le couvrir de son corps, fut saisi et rejeté au delà du cercle de plus en plus compact.

« Retirez-vous! s'écria Ramel irrité; vous n'êtes que des séditieux! »

Il tira son épée, et, s'adressant au factionnaire qui gardait sa demeure, il lui dit :

« Défendez-moi! »

Le brave soldat abaissa son fusil. Mais, avant d'avoir eu le temps de s'en servir, il reçut un coup de baïonnette qui le renversa sur le sol mortellement blessé. En même temps, une explosion se faisait entendre. Le général Ramel chancela, et de sa bouche sortit ce cri de détresse :

« Ah! mon Dieu, je suis mort! Souilhé, à mon secours! »

Une balle traversant sa main gauche, posée sur

le fourreau de son épée, l'avait atteint au bas-ventre. Effrayée ou surprise, la foule s'était instinctivement écartée. Souilhé en profita pour courir au secours de son ami. Aidé du secrétaire et du domestique, il l'entraîna dans l'hôtel, dont il ferma la porte; puis, tandis que Joly sortait pour aller chercher un chirurgien et que le domestique courait avertir le maréchal de Pérignon, Souilhé étendit le général sur un canapé et lui donna les premiers soins.

Mais bientôt sa pieuse besogne fut interrompue par les clameurs violentes du dehors. Il jeta un regard sur la place. Devant la maison, une foule furieuse était rassemblée. Il ne suffisait pas à ces énergumènes que le général eût reçu une de ces blessures qui ne pardonnent pas, ils voulaient de nouveau verser son sang, assister à son agonie, le frapper encore et hâter sa mort. Souilhé tenta de les apaiser; il ouvrit la croisée pour leur adresser la parole. Mais sa voix fut couverte par les huées. C'est lui maintenant qu'on menaçait de lui faire subir le même sort qu'au général. Le cabaretier qui habitait au rez-de-chaussée venait l'avertir que la porte allait être enfoncée, que c'en était fait de lui, s'il ne se dérobait aux fureurs homicides qui grondaient sur la place. Il se laissa entraîner par cet homme, qui le cacha dans une cave.

Alors l'infortuné Ramel se sentit perdu. Encore quelques instants, et si la force armée ne venait à son secours, il tomberait aux mains des individus déchaînés, dont les vociférations arrivaient jusqu'à lui. Il se souleva, et par un prodige d'énergie, il parvint à monter jusqu'au troisième étage de la maison, où il espérait pouvoir se mettre sous la protection d'un locataire logé sous les toits. Mais, au lieu d'un être brave et humain, il trouva un homme affolé par la peur, qui, loin de lui offrir asile, lui reprocha de l'exposer, pour se sauver, aux coups des assassins et lui proposa, afin de se débarrasser de lui, de le faire évader par une lucarne qui donnait sur le faîte d'où il pourrait atteindre la maison voisine. Ramel accepta; mais sa blessure lui causait d'horribles souffrances; il était affaibli par la perte de son sang; tous ses efforts pour se hisser jusqu'à la lucarne furent vains; il retomba épuisé sur le sol et n'eut que la force de gagner un galetas où il resta seul, étendu dans la poussière, la tête contre une poutre, brisé et sans courage.

Au dehors, la fureur des assassins ne se lassait pas. Le factionnaire qu'ils venaient de frapper, déposé d'abord au poste de la recette générale, mis ensuite sur un brancard pour être transporté à l'hôpital Saint-Jacques, avait rendu le dernier soupir avant d'y arriver. Ils répandirent aussitôt le bruit que ce malheureux avait succombé sous l'épée du général.

« Ramel, disaient-ils, lui a donné, à plusieurs reprises, l'ordre de tirer sur le peuple, et l'a tué pour le punir de son refus[1]. Puis, il a chargé la

1. Cette version, que les assassins avaient espéré accréditer, ne

foule l'épée à la main. Il a blessé plusieurs personnes et s'est maintenant enfermé chez lui avec des fédérés, des chasseurs et les généraux Clauzel et Decaen. »

Pour confirmer ce mensonge, deux ou trois individus, légèrement atteints, dans la cohue, par leurs camarades, exhibaient les égratignures qu'ils avaient reçues. L'un d'eux, que nous retrouverons plus tard parmi les accusés, le portier Gaillardie, se promenait au milieu de la foule, montrant son épaule ensanglantée. Par leurs discours et leurs actes, les bandits s'assuraient des complices pour un second assassinat. « Ils ont su, tant leur préméditation était complète, tant leur cruauté était réfléchie, ils ont su appuyer leurs violences par des impostures [1]. » Ils s'écriaient que leur vengeance n'était pas satisfaite et qu'ils auraient le général mort ou vif. A ceux qui parlaient de paix et de concorde, ils répondaient en les menaçant, en les écartant à coups de baïonnette, en proférant des calomnies et des injures contre le malheureux soldat qui agonisait à quelques pas d'eux.

Enfin arriva un chirurgien, M. Flottard. Le

put être maintenue après l'examen du cadavre. M. Vignerie, chirurgien, constata que la blessure avait été faite par une baïonnette et non par une épée. Comme il en essayait, quelques jours après, la démonstration dans un salon de Toulouse, quelqu'un lui dit : « Arrangez-vous comme vous voudrez, mais il faut que ce factionnaire soit mort d'un coup d'épée ». (Rapport du magistrat instructeur.)

1. Acte d'accusation.

colonel Ricard, le capitaine Belin, un commissaire de police, l'accompagnaient. Ils pénétrèrent dans la maison. Malgré leurs efforts, quelques-uns de ces individus, les plus exaltés, entrèrent derrière eux, parcoururent toutes les pièces du premier étage, cherchant le général, pillant, brisant les meubles. Ils déchirèrent son chapeau qu'ils dépouillèrent de ses broderies; ils dérobèrent la poignée de son épée, le gland d'or qui s'y trouvait suspendu. Ils allaient s'élancer aux étages supérieurs, quand plusieurs officiers de la garnison et quelques gardes nationaux vinrent prêter main-forte au colonel Ricard et les obligèrent à quitter la maison, dont la porte fut soigneusement fermée et consolidée à l'intérieur par des barres de fer, afin d'en défendre l'accès. Le capitaine Belin et quelques hommes de bonne volonté restèrent au dehors.

Au dedans, le colonel Ricard s'était mis à la recherche du général Ramel. Les gardes nationaux qui venaient de le rejoindre, ajoutant foi à la version propagée parmi la populace, blâmaient vivement le général d'avoir tiré l'épée, chargé la foule et tué le factionnaire. C'est seulement quand, guidés par le locataire du troisième étage, ils se trouvèrent en présence du blessé, qu'ils ajoutèrent foi au récit des témoins sincères du crime.

« Ah ! messieurs, de grâce, achevez-moi », s'écria Ramel, en les voyant entrer.

Puis, ayant retracé, en peu de mots, l'événement dont il était victime, il ajouta :

« Je suis un bon royaliste, cependant. Les Toulousains le sauront trop tard. »

Sa blessure le faisait horriblement souffrir. On le descendit au second étage; on le coucha sur un matelas, et M. Flottard, ayant examiné la plaie, reconnut qu'elle était mortelle. Cependant, voulant soulager le blessé, il parla d'aller chercher les instruments et les remèdes nécessaires à une opération qu'il jugeait utile. De son côté, le colonel Ricard avait hâte de rendre compte au maréchal de Pérignon de ce douloureux événement et d'ordonner des mesures propres à rétablir la tranquillité dans la ville. Mais il ne fallait pas songer à sortir par la porte. C'eût été favoriser l'invasion immédiate de l'hôtel, car, au dehors, on voyait et on entendait une foule tumultueuse, sans cesse accrue, qui demandait qu'on lui jetât le général mort ou vif. Une échelle fut alors placée sur le derrière de la maison, à une croisée ouvrant sur la cour d'une propriété voisine. C'est par là que M. Ricard et M. Flottard sortirent en sautant sur des cages à poules, ce dernier après avoir déshabillé le général et l'avoir fait placer dans son lit. Par surcroît de précaution, quelques hommes courageux furent apostés au pied de l'échelle, afin qu'aucune personne suspecte ne pût entrer dans l'hôtel par cette route improvisée.

Quelques instants après, le chirurgien revenait et opérait un pansement. En même temps, trois cents hommes du régiment de Marie-Thérèse, une forte escouade de garde nationale, les brigades de gendarmerie commandées par M. de Gesta, se montraient sur la place des Carmes, au fond de laquelle ils se rangeaient en bataille, vis-à-vis de la maison du général Ramel. Puis, le général Barbot, chef d'état-major du maréchal de Pérignon, faisait évacuer la place et rejeter la foule dans les rues voisines, à l'exception toutefois de l'attroupement formé sous les croisées de l'hôtel, que M. de Castellane, de Fontenille, Ricard, Belin, d'autres encore, s'efforçaient de dissiper. Oui, et c'est là certainement le trait le plus inexplicable de cette tragique soirée, cet attroupement, à la tête duquel se trouvaient les misérables qui avaient préparé l'assassinat, fut respecté. Aucune tentative ne fut faite pour le dissoudre. « Ni la gendarmerie, qui était présente, ni la garde à cheval, ni enfin la troupe de ligne, ne reçurent d'ordres à cet égard, et aucun n'en sut prendre de ses mouvements d'indignation. Tous restèrent spectateurs d'une scène aussi affreuse, sans tenter d'efforts pour la faire cesser[1]. » Quarante témoins attestèrent ultérieurement qu'en dépit de tentatives individuelles aussi courageuses que périlleuses il ne fut pas donné un ordre pour dissiper un attroupement de cent ou cent cinquante personnes au plus, « tandis qu'il est évident qu'il y avait cinq cents hommes armés sur la place des Carmes[2] ».

1. Rapport du magistrat instructeur.
2. *Id.*

Le groupe des forcenés puisa, cela n'est pas douteux, une audace nouvelle dans le respect dont il était l'objet. Il continuait à réclamer à grands cris le général Ramel et tentait d'enfoncer la porte de sa maison. Au premier rang de ces bandits, s'agitaient le tourneur Daussonne, le sergent Carrier, Gaillardie. Mais, ils rencontraient une intrépide résistance dans une poignée de sapeurs et de grenadiers qui, placés à ce poste d'honneur par M. de Castellane, défendaient, sous les ordres du capitaine Belin, l'accès de l'hôtel. L'un deux, le nommé Despons, déploya une héroïque énergie; assurément la maison n'aurait point été prise si les assassins n'avaient eu recours à la ruse.

Il était dix heures; la nuit régnait depuis longtemps et l'obscurité ajoutait encore à l'horreur de l'événement. On vint dire au capitaine Belin qu'on s'égorgeait sur la place. Il ajouta foi à cette assertion et courut, suivi de quelques-uns de ses hommes, dans la direction qu'on lui indiquait. La porte, privée de ses principaux défenseurs, fut alors prise d'assaut. Daussonne la frappait à tour de bras, avec le pommeau de son sabre dégainé. Puis, tout à coup, il adressa quelques mots à ses compagnons, qui lui répondirent par une clameur enthousiaste. Il leur demandait un madrier qu'il avait vu contre un mur voisin. Le madrier apporté, on s'en servit comme d'un levier. La porte résistait toujours. Tout à coup, elle céda. Une main inconnue avait retiré les barres de fer qui la consolidaient à l'intérieur. A ce moment, à l'exception de deux ou trois personnes, toutes celles qui se trouvaient dans la maison fuyaient précipitamment par l'échelle dont nous avons parlé, et le général restait sans défense à la merci des assassins.

Ce qui se passa alors est épouvantable. La chambre du général est envahie par ces bêtes fauves. Elles se ruent sur lui en poussant des cris qui couvrent ses plaintes. D'un coup de sabre, Daussonne lui fait sauter un œil[1]; les autres le frappent dans son lit à coups de sabre et de baïonnette. Ses bras sont mutilés; les lambeaux de sa chair tombent sur le plancher; sa figure est en sang; son lit devient une boucherie; tout son corps est une blessure, et les coups ne s'arrêtent que lorsqu'on croit qu'il n'est plus[2]. Les bandits sortent alors en poussant des vociférations de triomphe. L'un deux revient sur ses pas; craignant que Ramel respire encore, il veut l'achever. Comme il est seul, les témoins impuissants de la scène qui vient de s'accomplir, l'empêchent d'approcher du lit. Dans sa rage, il déchire à coups de sabre les vêtements du général, jetés sur une chaise; puis, il rejoint ses compagnons qui vont célébrer leur forfait dans la ville dont ils parcourent les rues en brandissant leurs armes ensanglantées.

Il était onze heures. A ce moment, M. de Villèle, le maréchal de Pérignon, le général de Caldaguez,

1. Acte d'accusation.
2. *Id.*

le préfet, le procureur du roi, suivis de quelques notables, arrivaient sur le théâtre du crime où leur présence, une heure plus tôt, aurait épargné à Toulouse une journée criminelle et un souvenir odieux. Ce fut la fatalité et le caractère incompréhensible de cet événement, que les uns, — M. de Rémusat était de ce nombre, — fussent prévenus trop tard, et que les autres, prévenus à temps, perdissent un temps précieux avant de se décider à porter secours au général Ramel. Quand le maréchal de Pérignon apprit que son subordonné, quoique encore vivant, était perdu, il renonça à se rendre auprès de lui et donna seulement l'ordre de l'interroger, afin de savoir s'il connaissait ses assassins. Puis, un piquet de trente hommes fut chargé de garder la demeure du général Ramel et de protéger son agonie contre de nouvelles fureurs[1].

1. Voici en quels termes, dans ses rapports hebdomadaires adressés au ministre de la guerre, le maréchal de Pérignon faisait allusion à la mort du général Ramel. Le jour même où le général fut frappé, son chef hiérarchique écrivait : « Le maréchal de camp de Pressac a été désigné pour remplacer le général Ramel, hors d'état de continuer ses fonctions *pour cause de maladie* ». Le rapport suivant ajoutait : « M. le maréchal de camp Ramel a été enseveli le 18 août avec les honneurs funèbres dus à son rang ». Et pas un mot de l'assassinat, dont le récit très sommaire ne fut envoyé à Paris que quelques jours plus tard. Cette affaire acheva la disgrâce du maréchal de Pérignon, dont les documents révèlent la faiblesse et l'inertie. Le lieutenant-général comte Ricard, ayant été nommé au commandement de la division militaire, arriva à Toulouse le jour même de l'enterrement de Ramel et vit défiler le convoi du fond de sa voiture. Puis il alla s'installer à l'hôtel de la division à la place du général de Caldagnez. Le maréchal de Pérignon comprit alors qu'il n'avait plus rien à

Le malheureux vécut jusqu'au lendemain, en proie à d'indicibles tortures qui lui arrachaient une plainte non interrompue. Parfois, il murmurait :

« Pardon pour ceux qui m'ont tué! Pardon pour moi-même si, sans le vouloir, j'ai fait du mal à quelqu'un[1]! »

Puis, le délire s'empara de lui. Il voyait ses meurtriers. Il leur parlait, les suppliait, les menaçait et s'écriait tout à coup, pensant à quelqu'un d'entre eux :

« Que lui ai-je fait, à ce monsieur? Pourquoi cette cruelle vengeance? Surtout ne laissez pas entrer ce grand diable!... »

La mort vint enfin le délivrer. Avant qu'il rendît le dernier soupir, on put obtenir de lui le nom de ceux des criminels qu'il avait reconnus. Quelques heures après le décès, le chirurgien Larrey fut chargé de procéder à l'examen du cadavre. Nous avons eu sous les yeux le procès-verbal de cette autopsie faite en présence de M. Miégeville, procureur du roi, et de M. Boubé, juge[2]. Il constate et décrit minutieusement vingt plaies, dont quelques-unes horribles. Le nez et les oreilles étaient tail-

faire à Toulouse, et le 7 septembre, ayant constaté que le ministre de la guerre ne correspondait plus avec lui, il se retira dans ses terres. (Archives du dépôt de la guerre.)

1. Durant la nuit, un jeune prêtre, l'abbé Alquié, vicaire de la cathédrale, lui apporta, non sans courir plus d'un péril, les derniers sacrements. (Renseignement communiqué à l'auteur.)

2. Archives de la Haute-Garonne.

ladés; un œil était crevé, le crâne entr'ouvert. Le rapport déclare que la blessure d'arme à feu du bas-ventre, c'est-à-dire celle que le général avait reçue sur la place des Carmes, était suffisante pour déterminer la mort.

IV

L'enterrement du général Ramel eut lieu le 18 août. On fit à ce vaillant soldat, lâchement assassiné, des obsèques solennelles; toutes les autorités y assistèrent au milieu du concours d'une population respectueuse et recueillie, parmi laquelle un des assassins, le tourneur Daussonne, eut l'audace de se montrer. Le capitaine Belin, l'ayant aperçu dans le cortège, courut à lui, l'apostropha violemment, en lui rappelant son forfait, en lui reprochant d'oser venir, par sa présence, insulter sa victime, et le chassa des rangs des assistants. Le soir de ce jour, une main mystérieuse déposa chez Mlle Diosi la poignée de l'épée de Ramel, les broderies et la ganse de son chapeau, ainsi qu'une cravate noire qu'il portait au moment où il avait été frappé. Enfin, et ceci n'est pas le moins significatif des faits que nous rapportons, une femme Verdier, portière dans la maison de l'un des officiers des compagnies secrètes, se présenta au cabaret de la rue Pharaon. Elle venait promettre au propriétaire de l'établissement que l'eau-de-vie consommée chez lui durant la soirée du 15 août serait payée, et le prier de ne nommer aucun de ceux qui avaient pris part à l'orgie antérieure au meurtre. Les assassins tentaient déjà de détourner d'eux les soupçons. Personne d'ailleurs ne se trompait sur la réalité des faits. Tout le monde était convaincu que l'assassinat avait été prémédité, — préméditation d'autant plus inexplicable que, de tous les officiers généraux en ce moment à Toulouse, Ramel était celui qui avait le plus fait pour le triomphe de la cause royale.

« L'assassinat de M. le général Ramel est un nouvel et triste exemple des excès auxquels peut entraîner le funeste esprit de réaction et d'anarchie qu'on n'a pas craint de souffler parmi des peuples qu'il eût été si important de ramener à des sentiments de paix et de conciliation. Il est essentiel qu'un exemple éclatant serve à comprimer les factieux et que les hommes qui ont pris quelque part à ce crime affreux ne puissent échapper à la vengeance des lois. » C'est en ces termes que le ministre de la police générale, Fouché, répondait, le 28 août, aux communications du préfet de la Haute-Garonne. Ce langage exprimait le sincère désir du gouvernement à qui depuis deux mois les plus tragiques événements révélaient l'effervescence des populations méridionales de la France. Malheureusement, à Toulouse pas plus qu'à Nîmes, pas plus qu'à Marseille et à Avignon, ensanglantés déjà par d'odieuses représailles, il ne sera aisé de poursuivre les coupables. Plusieurs années s'écouleront avant que justice ne soit faite de l'assassinat du maréchal Brune, avant que Trestaillons et ses complices soient traduits devant les tribunaux. La lenteur des instructions judiciaires, la clémence des juges, le silence des témoins, arracheront plus tard à M. de Serre et à d'autres orateurs des accents éloquents et indignés. Mais, jusque-là, les coupables auront eu le temps de se soustraire à l'action des lois et leurs excès ne seront soumis à la justice que lorsque les mémoires n'en conserveront plus qu'un souvenir lointain et apaisé, sinon oublié.

A Toulouse, les autorités administratives et judiciaires, malgré leur bon vouloir, se heurtaient à d'insurmontables difficultés et rencontraient devant elles, entravant leur action, l'exaspération mutuelle des partis et, ce qui est plus grave, le mauvais vouloir des fonctionnaires nommés provisoirement par le duc d'Angoulême après les Cent-Jours, dont les uns, dépossédés de leur emploi, entendaient le conserver, au mépris des décisions royales qui y avaient mis fin; dont les autres, plus dociles en apparence, ne cherchaient qu'à créer des embarras à leurs successeurs [1]. « L'apparence de triomphe que j'accorderais à un parti sur l'autre, écrivait

1. Archives nationales.

M. de Rémusat, ajouterait à l'exaspération et amènerait de nouveaux malheurs. » Un rapport de police ajoutait : « Les coupables sont connus et ne sont point punis. Les autorités les protègent. Le maire, M. de Malaret, n'a pu entrer en fonctions. Des attroupements se sont portés chez lui pour le massacrer. Les magistrats nommés par la faction restent en place, malgré les ordonnances. La rébellion est partout. On a chassé des assemblées électorales les électeurs attachés au roi et à la patrie. C'est le parti d'Artois qui triomphe[1] ». Le général Ricard écrivait de son côté : « Je ne puis vous donner une idée de l'exaltation des esprits. La garde urbaine n'ayant pu prévenir l'assassinat du général Ramel, les furieux qui ont attenté à sa vie pourront recommencer de pareilles scènes, toutes les fois qu'ils y seront excités. Le peu de troupes qui se trouve ici ne peut être employé sans le danger de provoquer un soulèvement général, et d'ailleurs, on prend tous les moyens pour les porter à la désertion. Vingt-cinq hommes du 6e chasseurs viennent encore de déserter. Dans peu de jours, si cela continue, il n'y aura plus que les cadres. Je ne sais comment faire panser les chevaux[2] ». Enfin, la population de Toulouse, et parmi elle, des hommes appartenant à la classe aisée, favorisait l'impunité des assassins. « L'instruction ne peut se poursuivre, disaient-ils, sans atteindre les per-

1. Archives nationales.
2. Archives du dépôt de la Guerre.

sonnes de haut rang qui ont organisé les compagnies secrètes non pour en faire des assassins, mais pour assurer le succès de la cause royale[1]. »

Plusieurs fonctionnaires se prononçaient contre toute procédure. Ils alléguaient que Ramel avait provoqué les Verdets. Ils multipliaient les démarches auprès des magistrats. Ils sollicitaient le général Ricard afin d'obtenir qu'on renonçât aux poursuites. Ils adressaient des suppliques au roi, ainsi qu'au duc d'Angoulême, donnant à entendre à ce dernier que les coupables s'étaient laissé entraîner par l'excès de leur dévouement et de leur zèle. Le gouvernement restait sourd à ces obsessions. Les instructions réitérées que recevaient le préfet et le procureur général étaient énergiques, formelles. Mais ils demeuraient impuissants à les exécuter. Les meurtriers n'avaient pas quitté Toulouse. Ils se vantaient de leur abominable action, faisaient montre de leur scandaleuse impunité, trouvaient des défenseurs qui répétaient qu'avant de poursuivre des royalistes, on devait rechercher et punir les hommes qui avaient trahi le roi, bouleversé l'ordre social, violé leurs serments, provoqué la guerre.

L'instruction, confiée à un courageux magistrat, M. de Caumont, commença cependant le 17 septembre. Le conseiller rapporteur entendit environ quarante témoins. Mais, il fallut les plus ingénieux efforts pour arracher la vérité à quelques-uns d'entre

1. Archives nationales.

eux, pour obtenir des aveux et des preuves. C'est seulement au bout de plusieurs mois, que dix-huit arrestations furent opérées; mais trois seulement devinrent définitives. Des complaisances inexplicables parvinrent à dérober à la justice trois individus sur lesquels planaient les plus graves soupçons. Au commencement de 1817, la cour de Toulouse, chambre des mises en accusation, était définitivement saisie de l'affaire. A ce même moment, certains habitants de cette ville invoquaient comme un titre glorieux leur participation à l'assassinat. Le 8 janvier, le comte Decazes, qui avait remplacé Fouché au ministère de la police générale, écrivait au préfet : « Des renseignements vagues qui me sont parvenus portent qu'un sieur G... de V... ou G... de B... se serait vanté publiquement d'avoir tué d'un coup de pistolet le général Ramel et aurait contrefait sur un canapé, chez le lieutenant-colonel C... D..., en présence du comte de M... et de quelques autres personnes, les mouvements convulsifs de la victime expirante[1] ».

Puis, un autre incident se produisit, et fut interprété comme le témoignage des complicités mystérieuses qui s'agitaient en faveur des coupables. Durant une sombre nuit d'hiver, le domicile du magistrat instructeur, M. de Caumont, fut forcé. Des malfaiteurs, — on supposa qu'ils étaient plusieurs, — s'introduisirent dans son cabinet,

1. Archives de la Haute-Garonne.

brisèrent ses tiroirs, bouleversèrent ses papiers et dérobèrent une somme de six cents francs déposée dans un meuble. Mais, personne ne voulut croire que le vol eût été le but de leur visite nocturne; on demeura convaincu qu'ils avaient espéré pouvoir s'emparer des pièces de l'instruction et les détruire. Heureusement, ces pièces étaient en sûreté. Ultérieurement, M. de Caumont devint l'objet de menaces anonymes, provoquées par son zèle à découvrir la vérité.

Néanmoins, le 5 mars, il donna lecture de son rapport devant la chambre des mises en accusation. Deux jours après, la cour royale rendait un arrêt qui renvoyait devant la cour prévôtale de Pau, les nommés Daussonne, Carrier, Angladet, Baqué, dit le Puyat, Verdier, Port-de-Guy et Gaillardie, les trois premiers en prison, les trois autres fugitifs. Mais, ni les uns ni les autres ne paraissaient s'alarmer de leur sort à venir. Ils se savaient des appuis dévoués. Autour d'eux, on disait : « Ils seront acquittés et nous les ramènerons en triomphe ». Il y a lieu de rappeler toutefois que, dans la nuit du 26 au 27 mars, Daussonne, avec la complicité de sa femme, essaya de s'évader de sa prison. Sa tentative échoua, non parce que les gardiens y mirent obstacle, mais parce que le jour se leva avant qu'il eût eu le temps de la réaliser. Parmi les accusés, c'était le plus compromis. Cependant, ce fut seulement le 28, à trois heures de l'après-midi, que les autorités supérieures apprirent qu'il avait voulu fuir. Le ministre de la police, averti et pressé par le préfet, comprit qu'il était nécessaire d'éloigner de Toulouse, Daussonne et ses complices. Ils comptaient encore assez d'amis dans la ville pour qu'on pût redouter une manifestation en leur faveur, ou même quelque coup de main ayant pour but de les délivrer. La police de Paris était prévenue, au même moment, que les contumax, mis en accusation, avec Daussonne, Angladet et Carrière, prenaient à peine le soin de se cacher, et que deux d'entre eux, Gaillardie et Baqué, dit le Puyat, s'étaient montrés en public dans Toulouse. « Qu'une pareille impudence ait pu rester impunie, disait le ministre au préfet, M. de Saint-Chamans, c'est le dernier degré du scandale, et mon étonnement égale mon affliction. Arrivé depuis peu dans le département de la Haute-Garonne, vous ne pouvez être responsable d'une aussi déplorable négligence; mais votre devoir est de vérifier les faits et d'en reporter la responsabilité sur les autorités secondaires, évidemment coupables d'insouciance ou de collusion[1]. »

Le 17 avril, les trois accusés que détenait la justice partirent pour Pau, sous l'escorte d'une forte escouade de gendarmerie. Sur la route, étaient échelonnés des piquets de cavalerie qui les conduisaient d'un relais à un autre, et le 21, ils arrivèrent au terme de leur voyage. Quatre mois

1. Archives de la Haute-Garonne.

plus tard, le 18 août, deux années après leur crime, ils comparurent devant la cour prévôtale. L'enquête avait été dominée par la terreur; le procès le fut aussi. Au dernier moment, des efforts furent encore tentés sur les témoins appelés à déposer. Quelques-uns eurent peur et leur déposition s'en ressentit. Ceux qui osèrent dire la vérité, reçurent des lettres anonymes, leur annonçant qu'à leur rentrée à Toulouse, ils auraient à se repentir de leur courage. Les magistrats furent l'objet de démarches pressantes de la part de hauts personnages, qui essayèrent de leur démontrer que l'intérêt bien entendu de la monarchie exigeait l'acquittement des meurtriers du général Ramel. Toutefois, en dépit de tant d'influences contraires à l'action de la justice, le procureur du roi, auquel étaient d'ailleurs arrivées de Paris des instructions rigoureuses, accomplit intrépidement sa mission. On raconte qu'au moment où il prononçait son réquisitoire, une femme de la société, qui assistait à l'audience et manifestait pour les accusés une ardente sympathie, murmura :

« Mais ce n'est pas un royaliste, ce procureur du roi ! C'est un jacobin. »

L'acte d'accusation et les dépositions des témoins, auxquels nous avons emprunté la plupart des détails qu'on a lus plus haut, n'ajoutèrent aucun élément nouveau aux révélations déjà faites et connues. Les accusés, fidèles à un système de défense qu'ils croyaient habile, essayaient de démontrer que le général les avait provoqués, et que la sentinelle était tombée sous ses coups. Mais les débats contredisaient ces assertions, dont le ministère public s'attacha à démontrer la fausseté. Il estimait qu'il y avait eu préméditation et guet-apens, et que le double assassinat commis sur la personne du général Ramel avait eu pour cause l'exécution des ordres que ce malheureux officier ne pouvait ni supprimer ni différer.

Les trois avocats nièrent énergiquement le guet-apens et la préméditation. Les compagnies secrètes, en se rassemblant sur la place Bourbon, en criant : « A bas Ramel ! » voulaient forcer le général à quitter son commandement et non l'assassiner. Sa mort ne fut que l'effet d'une fureur populaire produite par les bruits trop accrédités qu'il cachait les généraux Clausel et Decaen, que des cris séditieux étaient partis de son hôtel, et qu'il avait tué la sentinelle. Enfin, les défenseurs ajoutèrent que, puisque les chirurgiens avaient déclaré que le coup de pistolet tiré par une main inconnue sur le général Ramel, au moment où il traversait la place des Carmes, avait suffi à déterminer la mort, la cour, en supposant qu'elle déclarât les accusés auteurs des blessures faites ultérieurement sur la victime, ne pouvait que leur appliquer les dispositions de l'article 311 du code pénal, car, étant incertaine si ces blessures auraient occasionné la mort ou même une incapacité de travail de plus de vingt jours, l'humanité commandait de prononcer la peine la plus douce.

Cette théorie monstrueuse, qui, deux ans plus tard, à la tribune de la Chambre des députés, provoquait l'indignation de M. de Serre, fut énergiquement combattue par le procureur du roi. Il déclara que non seulement Daussonne et Carrière devaient être considérés comme les complices de celui qui le premier avait frappé le général, mais qu'ayant eu encore la barbarie d'aller déchirer le mourant dans son lit et de lui infliger mille tortures, ils méritaient d'être punis comme assassins. « Ils voulaient le tuer, ajouta le ministère public: l'un d'eux demandait qu'on le jetât par la fenêtre mort ou vif; cela suffit pour que la tentative soit assimilée au crime lui-même. » Les avocats répliquèrent et développèrent les moyens dont ils avaient déjà fait usage pour correctionnaliser l'action. Ce système facilitait aux juges une tâche difficile, et ils finirent par le subir. Après une délibération qui dura neuf heures, ils rendirent un jugement qui mettait Angladet hors de cause, déclarait Daussonne et Carrière auteurs des blessures commises sur le général Ramel, et les condamnait l'un et l'autre à cinq ans de réclusion. Au moment où cette sentence fut prononcée, des acclamations s'élevèrent dans le prétoire. Elle reçut son exécution le lendemain, et, conformément aux dispositions du code pénal, les condamnés restèrent pendant une heure exposés au carcan. Le même jour, Angladet fut ramené à Toulouse. Quant aux accusés contumax, un jugement ultérieur prononça leur acquittement.

A Toulouse même, ce résultat était prévu. Dès le 20 août, trois jours avant qu'il fût connu, le préfet en avertissait avec tristesse le comte Decazes. Il redoutait même un acquittement total et exprimait la crainte de voir les partisans des accusés célébrer leur retour par des manifestations scandaleuses. Puis, le jugement rendu, il confiait au ministre sa douleur, son découragement, les angoisses qu'un tel exemple d'impunité éveillait dans son âme; il lui parlait des entraves nouvelles apportées à sa mission par une indulgence inouïe.

A ces confidences empreintes d'un pessimisme excessif, le comte Decazes répondait par une lettre qui nous paraît digne de clore ce dramatique récit et dégage le gouvernement de la Restauration de la responsabilité des crimes commis en son nom et de l'impunité qui leur semblait assurée : « L'arrêt d'un tribunal, et d'un tribunal d'exception, écrivait le ministre de la police, est tout à fait étranger au système que ne cesse pas de suivre le gouvernement. C'est un résultat que vous aviez prévu sans que votre confiance en fût altérée. Ni votre démarche, ni votre détermination n'a changé. Pourquoi donc attacheriez-vous aujourd'hui une semblable importance à un incident de cette nature? Vos moyens sont toujours les mêmes. Les fonctionnaires qui vous sont subordonnés n'ont pas cessé d'être sous votre direction. Votre action n'est ni plus entravée, ni plus incertaine; peut-être même, se fortifiera-t-elle en grande partie de cette opinion que vous redoutez et qui est aussi une puissance, mais qu'il faut avoir le courage et la patience de manier et de diriger. Des coupables sont absous ou ne sont que trop faiblement punis; en êtes-vous moins armé de toute la sévérité de la loi contre des factieux qui voudraient en tirer avantage pour troubler l'ordre public? En sommes-nous à avoir des assassinats à redouter parce que des assassins n'ont pas porté leur tête sur l'échafaud? Soyez toujours calme et ne vous défiez pas de vous-même. De vains arguments, de fausses alarmes s'évanouiront bientôt. Le temps des excès sanguinaires est passé : les excès de l'indulgence sont moins à craindre, et l'on peut les regarder comme la dernière ressource de l'esprit de parti dont tout concourt à paralyser la funeste influence. Quelle que soit enfin la difficulté des positions, c'est sur des magistrats tels que vous que le roi compte pour assurer un pareil résultat. Son espoir ne sera pas trompé[1] ».

1. Archives de la Haute-Garonne.

V

Aux pages qu'on vient de lire, il convient d'ajouter, pour compléter l'histoire de ces graves événements, quelques détails sur la tentative qu'au moment même où ils se déroulaient, faisait l'armée espagnole pour franchir la frontière française, tentative dans laquelle les passions ultra-royalistes du Midi, qui en souhaitaient le succès, trouvèrent, cela n'est que trop certain, un encouragement. Nous avons laissé, à la fin du mois de juin de 1815, le duc d'Angoulême à l'avant-garde des troupes de Castaños, se dirigeant sur le Roussillon. C'est là qu'il apprit la défaite de Waterloo. Abandonnant alors les alliés dont le secours lui était inutile, et qui d'ailleurs hésitaient à le suivre, il se hâta d'entrer en France. Le 3 juillet, escorté de soixante hommes et précédé du général comte de Caldagnez, il était à Puycerda, dénué de toutes ressources à ce point qu'il dut emprunter, par l'intermédiaire de cet officier qui se porta caution pour lui, une somme de vingt-cinq mille francs. Il passa la frontière à Carol, et par Ax et Foix, se dirigea sur Toulouse d'où il se rendit à Paris.

On pouvait supposer que son départ déciderait l'armée espagnole à revenir en arrière et à reprendre ses cantonnements. Mais, cette armée, dont nous avons indiqué le piteux état, était maintenant excitée et déchaînée. Si quand elle savait Napoléon maître de la France, elle avait hésité à envahir les provinces méridionales, elle n'hésita plus, quand elle sut que les Bourbons remontaient sur le trône et que de tous côtés, les puissances alliées s'avançaient vers Paris. Le gouvernement espagnol, en voyant l'Europe entière se précipiter à la curée, se disait qu'il avait droit aussi à une part de nos dépouilles. Le 21 août, six jours après le meurtre du général Ramel, dans l'après-midi, un officier de l'état-major du général Castaños arriva à Perpignan et, se présentant au général Chabot qui commandait dans cette ville, lui demanda passage pour l'armée espagnole, forte de trente-trois mille hommes, qui s'avançait derrière lui. Le général Chabot était un vieillard; mais il avait l'énergie et la fougue d'un jeune homme. Quand l'émissaire lui dit que les Espagnols venaient pour défendre les bons royalistes contre les méchants, il répliqua que les royalistes n'avaient pas besoin de secours. Il ajouta qu'il se défendrait si l'on osait l'attaquer et que l'esprit des troupes placées sous ses ordres lui permettait d'espérer la victoire. Il confirma ce langage dans une très éloquente lettre adressée au général espagnol. Mais, au fond, il ne se faisait pas illusion sur l'efficacité de la résistance qu'il pensait opposer à l'invasion. Il n'avait que des forces insuffisantes et, autour de lui, un grand nombre d'habitants de Perpignan, complices moraux des assassins de Toulouse, de Marseille, d'Avignon et de Nîmes, souhaitaient ouvertement le succès des Espagnols. Parmi les officiers placés sous ses ordres, il en était qui devaient leur grade au duc d'Angoulême. Tous ou presque tous crurent répondre aux intentions du roi, en allant faire leur cour au général Castaños et lui offrir de faciliter son entrée dans Perpignan. Ceux qui osèrent blâmer leur conduite furent menacés et obligés de quitter la ville où leur vie n'était pas en sûreté et qui, peu à peu, se trouva sans défenseurs[1].

Heureusement, il n'était pas dans les intentions du gouvernement royal de prêter les mains aux cupidités de l'étranger. Il défendait contre elles la France envahie, avec une énergie qui, quoi qu'on en ait dit, ne fut jamais en défaut; il se montra envers l'Espagne tel qu'il avait été envers les autres puissances. Par ses ordres, le général Ricard, qui commandait à Toulouse, envoya le vicomte de Champagny, aide de camp du duc d'Angoulême, alors en mission dans l'Aude, à l'ambassadeur d'Espagne à Paris qui se trouvait sur la

1. Archives du dépôt de la Guerre.

frontière. Cette démarche avait été précédée d'une lettre énergique du duc d'Angoulême, enjoignant à Castaños de se retirer s'il ne voulait que les hostilités fussent ouvertes contre lui.

Aux premières réclamations de M. de Champagny, l'ambassadeur répondit que cette lettre avait arrêté la marche de l'armée. Il allégua que son maître avait cru agir d'accord avec Louis XVIII et dans son intérêt; que les troupes espagnoles ne s'étaient avancées sur le territoire français que parce qu'on croyait à Madrid que le maréchal Davoust, à la tête de l'armée de la Loire, venait occuper le Midi. Il ajouta que les Autrichiens ayant manifesté l'intention de venir jusqu'à Perpignan, l'Espagne se serait déshonorée en restant inactive. M. de Champagny opposa à ces raisons un démenti formel, et l'ambassadeur lui répondit en exprimant l'espoir que l'incident allait se dénouer pacifiquement.

A la même heure, le préfet de Tarbes écrivait au ministre de l'intérieur : « S'il fallait effectivement repousser une invasion, la situation de l'esprit public dans les Hautes-Pyrénées serait un grand obstacle au succès de nos efforts ». Il réclamait en outre une force armée pour contenir les agents secrets qui entravaient ses actes et paralysaient, par leur propagande, les élans du patriotisme. Dans toutes les villes frontières, des agents secrets poussaient, même à prix d'argent, les soldats à la désertion. Les étrangers, profitant de nos dissensions pour nous faire plus de mal encore, avaient trouvé des complices parmi la faction ultra-royaliste. Elle applaudissait au moment où dix-huit mille Autrichiens entraient dans le Gard et l'Hérault, se rapprochant de plus en plus de l'armée espagnole, comme pour lui tendre la main et l'inviter à opérer sa jonction avec eux.

Heureusement, la présence du duc d'Angoulême vint mettre un terme à cette situation. Il traversa Perpignan le 27 août, se rendant au quartier général espagnol et, le même jour, il écrivait à Louis XVIII la lettre suivante dont le texte est publié pour la première fois, comme la plupart des documents contenus dans ce récit : « Mon très cher oncle, j'ai l'honneur de rendre compte à Votre Majesté qu'après de vives instances, j'ai été assez heureux pour déterminer le général Castaños à repasser la frontière avec ses troupes. Il voulait attendre le retour d'un courrier envoyé à Madrid ou à Paris. Je n'ai consenti ni à l'un ni à l'autre.... La principale raison que le général Castaños a mise en avant pour être entré en France, était la connaissance qu'il avait que les Autrichiens voulaient se porter jusqu'aux Pyrénées et qu'on craignait des mouvements en leur faveur en Catalogne et en Navarre, et une lettre du général Bianchi qui l'engageait à se porter sur le canal du Midi pour s'y mettre en communication avec lui [1] ». Cette

1. Archives du dépôt de la guerre.

lettre marque la conclusion de ce grave incident. Les Espagnols, après avoir tenté d'échapper à l'exécution de la parole donnée par leur général, se décidèrent à se mettre en route pour leur pays, et, dans les premiers jours de septembre, il n'en restait plus un seul sur le territoire français. Les espérances de la faction ultra-royaliste du Midi étaient définitivement anéanties.

TABLE DES MATIÈRES

117-06. — Coulommiers. Imp. PAUL BRODARD. — P4-06.

LIBRAIRIE HACHETTE ET Cie

BOULEVARD SAINT-GERMAIN, 79, A PARIS

LES
GRANDS ÉCRIVAINS FRANÇAIS

ÉTUDES SUR LA VIE
LES ŒUVRES ET L'INFLUENCE DES PRINCIPAUX AUTEURS
DE NOTRE LITTÉRATURE

Notre siècle a eu, dès son début, et léguera au siècle prochain un goût profond pour les recherches historiques. Il s'y est livré avec une ardeur, une méthode et un succès que les âges antérieurs n'avaient pas connus. L'histoire du globe et de ses habitants a été refaite en entier; la pioche de l'archéologue a rendu à la lumière les os des guerriers de Mycènes et le propre visage de Sésostris. Les ruines expliquées, les hiéroglyphes traduits ont permis de reconstituer l'existence des illustres morts, parfois de pénétrer jusque dans leur âme.

Avec une passion plus intense encore, parce qu'elle était mêlée de tendresse, notre siècle s'est appliqué à faire revivre les grands écrivains de toutes les littératures, dépositaires du génie des nations, interprètes de la pensée des peuples. Il n'a pas manqué en France d'érudits pour s'occuper de cette tâche; on a publié les œuvres et débrouillé la biographie de ces hommes fameux que nous chérissons comme des ancêtres et qui ont contribué, plus même que les princes et les capitaines, à la formation de la France moderne, pour ne pas dire du monde moderne.

Car c'est là une de nos gloires, l'œuvre de la France a été accomplie moins par les armes que par la pensée, et l'action de notre pays sur le monde a toujours été indépendante de ses triomphes militaires : on l'a vue prépondérante aux heures les plus douloureuses de l'histoire nationale. C'est pourquoi les maîtres esprits de notre littérature intéressent non seulement leurs descendants directs, mais encore une nombreuse postérité européenne éparse au delà des frontières.

Beaucoup d'ouvrages, dont toutes ces raisons justifient du reste la publication, ont donc été consacrés aux grands écrivains français. Et cependant ces génies puissants et charmants ont-ils dans le monde la place qui leur est due? Nullement, et pas même en France.

Nous sommes habitués maintenant à ce que toute chose soit aisée; on a clarifié les grammaires et les sciences comme on a simplifié les voyages ; l'impossible d'hier est devenu l'usuel d'aujourd'hui. C'est pourquoi, souvent, les anciens traités de littérature nous rebutent et les éditions complètes ne nous attirent point : ils conviennent pour les heures d'étude qui sont rares en dehors des occupations obligatoires, mais non pour les heures de repos qui sont plus fréquentes. Aussi, les œuvres des grands hommes complètes et intactes, immobiles comme des portraits de famille, vénérées, mais rarement contemplées, restent dans leur bel alignement sur les hauts rayons des bibliothèques.

On les aime et on les néglige. Ces grands hommes

semblent trop lointains, trop différents, trop savants, trop inaccessibles. L'idée de l'édition en beaucoup de volumes, des notes qui détourneront le regard, l'appareil scientifique qui les entoure, peut-être le vague souvenir du collège, de l'étude classique, du devoir juvénile, oppriment l'esprit; et l'heure qui s'ouvrait vide s'est déjà enfuie; et l'on s'habitue ainsi à laisser à part nos vieux auteurs, majestés muettes, sans rechercher leur conversation familière.

L'objet de la présente collection est de ramener près du foyer ces grands hommes logés dans des temples qu'on ne visite pas assez, et de rétablir entre les descendants et les ancêtres l'union d'idées et de propos qui, seule, peut assurer, malgré les changements que le temps impose, l'intègre conservation du génie national. On trouvera dans les volumes en cours de publication des renseignements précis sur la vie, l'œuvre et l'influence de chacun des écrivains qui ont marqué dans la littérature universelle ou qui représentent un côté original de l'esprit français. Les livres sont courts, le prix en est faible; ils sont ainsi à la portée de tous. Ils sont conformes, pour le format, le papier et l'impression, au spécimen que le lecteur a sous les yeux. Ils donnent, sur les points douteux, le dernier état de la science, et par là ils peuvent être utiles même aux spécialistes. Enfin une reproduction exacte d'un portrait authentique permet aux lecteurs de faire, en quelque manière, la connaissance physique de nos grands écrivains.

En somme, rappeler leur rôle, aujourd'hui mieux

connu grâce aux recherches de l'érudition, fortifier leur action sur le temps présent, resserrer les liens et ranimer la tendresse qui nous unissent à notre passé littéraire; par la contemplation de ce passé, donner foi dans l'avenir et faire taire, s'il est possible, les dolentes voix des découragés : tel est notre objet principal. Nous croyons aussi que cette collection aura plusieurs autres avantages. Il est bon que chaque génération établisse le bilan des richesses qu'elle a trouvées dans l'héritage des ancêtres, elle apprend ainsi à en faire meilleur usage; de plus, elle se résume, se dévoile, se fait connaître elle-même par ses jugements. Utile pour la reconstitution du passé, cette collection le sera donc peut-être encore pour la connaissance du présent.

J. J. JUSSERAND.

LES
GRANDS ÉCRIVAINS FRANÇAIS

ÉTUDES

SUR LA VIE, LES ŒUVRES ET L'INFLUENCE
DES PRINCIPAUX AUTEURS DE NOTRE LITTÉRATURE

Chaque volume in-16, orné d'un portrait en héliogravure, broché. 2 fr.

LISTE DANS L'ORDRE DE LA PUBLICATION
DES 49 VOLUMES PARUS
(Janvier 1906)

VICTOR COUSIN, *par M. JULES SIMON*
de l'Académie française.

MADAME DE SÉVIGNÉ, *par M. GASTON BOISSIER*
secrétaire perpétuel de l'Académie française.

MONTESQUIEU, *par M. ALBERT SOREL*
de l'Académie française.

GEORGE SAND, *par M. E. CARO*
de l'Académie française.

TURGOT, *par M. LÉON SAY*,
de l'Académie française.

THIERS, *par M. P. DE RÉMUSAT*
sénateur, membre de l'Institut.

D'ALEMBERT, *par M. JOSEPH BERTRAND*
de l'Académie française.

MADAME DE STAEL, *par M. ALBERT SOREL*
de l'Académie française.

THÉOPHILE GAUTIER, *par M. MAXIME DU CAMP*
de l'Académie française.

BERNARDIN DE SAINT-PIERRE,
par M. ARVÈDE BARINE.

MADAME DE LAFAYETTE,
par M. le comte D'HAUSSONVILLE
de l'Académie française.

MIRABEAU, *par M. EDMOND ROUSSE*
de l'Académie française.

RUTEBEUF, *par M. CLÉDAT*
professeur de Faculté.

STENDHAL, *par M. ÉDOUARD ROD.*

ALFRED DE VIGNY,
par M. MAURICE PALÉOLOGUE.

BOILEAU, *par M. G. LANSON.*
professeur de Faculté.

CHATEAUBRIAND, *par M. de LESCURE.*

FÉNELON, *par M. Paul JANET.*
membre de l'Institut.

SAINT-SIMON, *par M. GASTON BOISSIER*
secrétaire perpétuel de l'Académie française.

RABELAIS, *par M. RENÉ MILLET.*

J.-J. ROUSSEAU, *par M. ARTHUR CHUQUET*
professeur au Collège de France.

LESAGE, *par M. EUGÈNE LINTILHAC.*

VAUVENARGUES, *par M. MAURICE PALÉOLOGUE.*

DESCARTES, *par M. ALFRED FOUILLÉE*
membre de l'Institut.

VICTOR HUGO, *par M. LÉOPOLD MABILLEAU*
professeur de Faculté.

ALFRED DE MUSSET, *par M. ARVÈDE BARINE.*

JOSEPH DE MAISTRE, *par M. GEORGE COGORDAN.*

FROISSART, *par Mme MARY DARMESTETER.*

DIDEROT, *par M. JOSEPH REINACH.*

GUIZOT, *par M. A. BARDOUX*
membre de l'Institut.

MONTAIGNE, *par M. PAUL STAPFER*
professeur de Faculté.

LA ROCHEFOUCAULD, *par M. J. BOURDEAU.*

LACORDAIRE, *par M. le comte D'HAUSSONVILLE*
de l'Académie française.

ROYER-COLLARD, *par M. E. SPULLER.*

LA FONTAINE *par M. G. LAFENESTRE*
membre de l'Institut.

MALHERBE, *par M. le duc DE BROGLIE*
de l'Académie française.

BEAUMARCHAIS, *par M. ANDRÉ HALLAYS.*

MARIVAUX, *par M. GASTON DESCHAMPS.*

RACINE, *par M. GUSTAVE LARROUMET*
membre de l'Institut.

MÉRIMÉE, *par M. AUGUSTIN FILON.*

CORNEILLE, *par M. G. LANSON*
professeur de Faculté.

FLAUBERT, *par M. ÉMILE FAGUET*
de l'Académie française.

BOSSUET, *par M. ALFRED RÉBELLIAU.*

PASCAL, *par M. ÉMILE BOUTROUX*
membre de l'Institut.

FRANÇOIS VILLON, *par M. GASTON PARIS*
de l'Académie française.

ALEXANDRE DUMAS père,
par M. HIPPOLYTE PARIGOT.

ANDRÉ CHÉNIER, *par M. ÉMILE FAGUET*
de l'Académie française.

LA BRUYÈRE, *par M. MORILLOT*
professeur de Faculté.

FONTENELLE, *par M. DE LABORDE-MILAA.*

(Divers autres volumes sont en préparation.)

Coulommiers. — Imp. PAUL BRODARD. — 12-1905.

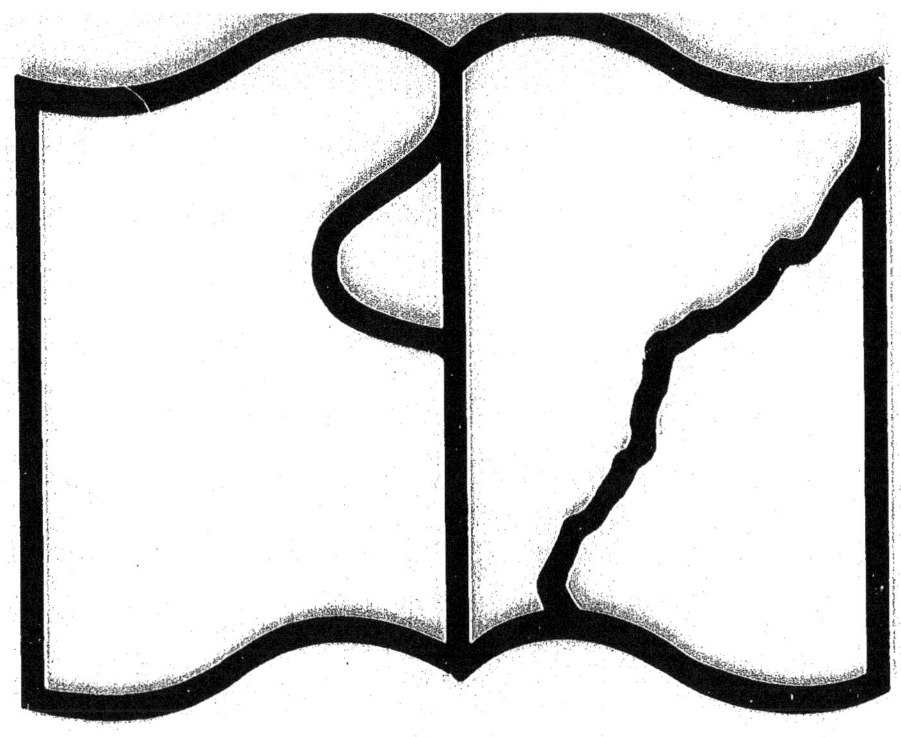

Texte détérioré — reliure défectueuse

NF Z 43-120-11

Contraste insuffisant

www.ingramcontent.com/pod-product-compliance
Ingram Content Group UK Ltd.
Pitfield, Milton Keynes, MK11 3LW, UK
UKHW012157240726
13966UKWH00002B/398